B

G000163262

Trois discours sur la condition des Grands

et

six liasses extraites des

Pensées

Dossier et notes réalisés par
Katia Genel

Lecture d'image par
Seloua Luste Boulbina

folioplus
philosophie

Katia Genel (née en 1977) est agrégée de philosophie et titulaire d'un DEA de sociologie. Elle a enseigné au lycée dans le Nord, et prépare une thèse de philosophie politique sur l'école de Francfort dans le cadre d'un séjour à l'Institut de recherche sociale de Francfort.

Seloua Luste Boulbina, agrégée de philosophie et docteur en sciences politiques, a réalisé la première étude universitaire sur les Grands Travaux à Paris (1981-1995). Collectionneuse, elle a une expérience de plasticienne et collabore avec des artistes français et étrangers. Enseignante de philosophie à Paris, elle initie ses étudiants aux arts plastiques contemporains. Elle collabore aux *Temps modernes*, aux *Cahiers philosophiques* ainsi qu'à *Philosophie Magazine*. Elle est responsable de séminaire au Collège international de philosophie.

Sommaire

Trois discours
sur la condition des Grands [1]

1. Le texte est paru en 1670 dans le *Traité de l'éducation d'un prince* signé par le sieur de Chanteresne, l'un des pseudonymes de Pierre Nicole, sous le titre *Discours de feu M. Paschal sur la condition des Grands.* Nicole indique dans sa préface qu'il les rédige presque à la lettre, neuf ou dix ans après. Deux notes trouvées dans les papiers de Pascal garantissent l'authenticité des discours. Le jeune prince auquel Pascal s'adresse serait Charles-Honoré de Chevreuse (1640-1712), fils du duc de Luynes.

Premier discours

Pour entrer dans la véritable connaissance de votre condition, considérez-la dans cette image.

Un homme est jeté par la tempête dans une île inconnue dont les habitants étaient en peine de trouver leur roi qui s'était perdu, et ayant beaucoup de ressemblance de corps et de visage avec ce roi, il est pris pour lui, et reconnu en cette qualité par tout ce peuple. D'abord il ne savait quel parti prendre ; mais il se résolut enfin de se prêter à sa bonne fortune. Il reçut tous les respects qu'on lui voulut rendre, et il se laissa traiter de roi.

Mais comme il ne pouvait oublier sa condition naturelle, il songeait, en même temps qu'il recevait ces respects, qu'il n'était pas ce roi que ce peuple cherchait, et que ce royaume ne lui appartenait pas. Ainsi il avait une double pensée, l'une par laquelle il agissait en roi, l'autre par laquelle il reconnaissait son état véritable et que ce n'était que le hasard qui l'avait mis en la place où il était. Il cachait cette dernière pensée, et il découvrait l'autre. C'était par la première qu'il traitait avec le peuple, et par la dernière qu'il traitait avec soi-même.

Ne vous imaginez pas que ce soit par un moindre hasard que vous possédez les richesses dont vous vous trouvez maître, que celui par lequel cet homme se trouvait roi. Vous n'y avez aucun droit de vous-même et par votre nature non plus que lui : et non seulement vous ne vous trouvez fils d'un duc, mais vous ne vous trouvez au monde que par une infinité de hasards. Votre naissance dépend d'un mariage, ou plutôt de tous les mariages de ceux dont vous descendez. Mais ces mariages, d'où dépendent-ils ? D'une visite faite par rencontre, d'un discours en l'air, de mille occasions imprévues.

Vous tenez, dites-vous, vos richesses de vos ancêtres ; mais n'est-ce pas par mille hasards que vos ancêtres les ont acquises et qu'ils les ont conservées ? Vous imaginez-vous aussi que ce soit par quelque loi naturelle que ces biens ont passé de vos ancêtres à vous ? Cela n'est pas véritable. Cet ordre n'est fondé que sur la seule volonté des législateurs qui ont pu avoir de bonnes raisons, mais dont aucune n'est prise d'un droit naturel que vous avez sur ces choses. S'il leur avait plu d'ordonner que ces biens, après avoir été possédés par les pères durant leur vie, retourneraient à la république après leur mort, vous n'auriez aucun sujet de vous en plaindre.

Ainsi tout le titre par lequel vous possédez votre bien n'est pas un titre de nature, mais d'un établissement humain. Un autre tour d'imagination dans ceux qui ont fait les lois vous aurait rendu pauvre ; et ce n'est que cette rencontre du hasard qui vous a fait naître avec la fantaisie[1] des lois favorable à votre égard qui vous met en possession de tous ces biens.

Je ne veux pas dire qu'ils ne vous appartiennent pas légitimement, et qu'il soit permis à un autre de vous les ravir ; car Dieu, qui en est le maître, a permis aux sociétés de faire des lois pour les partager ; et quand ces lois sont une fois établies, il est injuste de les violer. C'est ce qui vous distingue un peu de cet homme qui ne posséderait son royaume que par l'erreur du peuple ; parce que Dieu n'autoriserait pas cette possession, et l'obligerait à y renoncer,

---

1. «Fantaisie» renvoie à l'imagination qui fait les lois.

au lieu qu'il autorise la vôtre. Mais ce qui vous est entièrement commun avec lui, c'est que ce droit que vous y avez n'est point fondé, non plus que le sien, sur quelque qualité et sur quelque mérite qui soit en vous et qui vous en rende digne. Votre âme et votre corps sont d'eux-mêmes indifférents à l'état de batelier ou à celui de duc ; et il n'y a nul lien naturel qui les attache à une condition plutôt qu'à une autre.

Que s'ensuit-il de là ? Que vous devez avoir, comme cet homme dont nous avons parlé, une double pensée ; et que si vous agissez extérieurement avec les hommes selon votre rang, vous devez reconnaître, par une pensée plus cachée mais plus véritable, que vous n'avez rien naturellement au-dessus d'eux. Si la pensée publique vous élève au-dessus du commun des hommes, que l'autre vous abaisse et vous tienne dans une parfaite égalité avec tous les hommes ; car c'est votre état naturel.

Le peuple qui vous admire ne connaît pas peut-être ce secret. Il croit que la noblesse est une grandeur réelle, et il considère presque les Grands comme étant d'une autre nature que les autres. Ne leur découvrez pas cette erreur, si vous voulez, mais n'abusez pas de cette élévation avec insolence, et surtout ne vous méconnaissez pas vous-même, en croyant que votre être a quelque chose de plus élevé que celui des autres.

Que diriez-vous de cet homme qui aurait été fait roi par l'erreur du peuple, s'il venait à oublier tellement sa condition naturelle qu'il s'imaginât que ce royaume lui était dû, qu'il le méritait et qu'il lui appartenait de droit ? Vous admireriez sa sottise et sa folie. Mais y en a-t-il moins dans les personnes de condition qui vivent dans un si étrange oubli de leur état naturel ?

Que cet avis est important ! Car tous les emportements, toute la violence, et toute la vanité des Grands, vient de ce qu'ils ne connaissent point ce qu'ils sont : étant difficile que ceux qui se regarderaient intérieurement comme égaux à tous les hommes, et qui seraient bien persuadés qu'ils n'ont rien en eux qui mérite ces petits avantages que Dieu leur a donnés au-dessus des autres, les traitassent avec insolence. Il faut s'oublier soi-même pour cela, et croire qu'on a quelque excellence réelle au-dessus d'eux ; en quoi consiste cette illusion, que je tâche de vous découvrir.

Second discours

Il est bon, Monsieur, que vous sachiez ce que l'on vous doit, afin que vous ne prétendiez pas exiger des hommes ce qui ne vous est pas dû, car c'est une injustice visible : et cependant elle est fort commune à ceux de votre condition, parce qu'ils en ignorent la nature.

Il y a dans le monde deux sortes de grandeurs ; car il y a des grandeurs d'établissement, et des grandeurs naturelles. Les grandeurs d'établissement dépendent de la volonté des hommes, qui ont cru avec raison devoir honorer certains états, et y attacher certains respects. Les dignités et la noblesse sont de ce genre. En un pays on honore les nobles, en l'autre les roturiers ; en celui-ci les aînés, en cet autre les cadets. Pourquoi cela ? Parce qu'il a plu aux hommes. La chose était indifférente avant l'établissement : après l'établissement, elle devient juste, parce qu'il est injuste de troubler.

Les grandeurs naturelles sont celles qui sont indépendantes de la fantaisie des hommes, parce qu'elles consistent dans des qualités réelles et effectives de l'âme ou du corps, qui rendent l'un ou l'autre plus estimable, comme les sciences, la lumière de l'esprit, la vertu, la santé, la force.

Nous devons quelque chose à l'une et à l'autre de ces grandeurs ; mais comme elles sont d'une nature différente, nous leur devons aussi différents respects. Aux grandeurs d'établissement, nous leur devons des respects d'établissement, c'est-à-dire certaines cérémonies extérieures qui doivent être néanmoins accompagnées, selon la raison, d'une reconnaissance intérieure de la justice de cet ordre, mais qui ne nous font pas concevoir quelque qualité réelle en ceux que nous honorons de cette sorte : il faut parler aux rois à genoux ; il faut se tenir debout dans la chambre des princes. C'est une sottise et une bassesse d'esprit que de leur refuser ces devoirs.

Mais pour les respects naturels, qui consistent dans l'estime, nous ne les devons qu'aux grandeurs naturelles, et nous devons au contraire le mépris et l'aversion aux qualités contraires à ces grandeurs naturelles. Il n'est pas nécessaire, parce que vous êtes duc, que je vous estime, mais il est nécessaire que je vous salue. Si vous êtes duc et honnête homme, je rendrai ce que je dois à l'une et à l'autre de ces qualités. Je ne vous refuserai point les cérémonies que mérite votre qualité de duc, ni l'estime que mérite celle d'honnête homme. Mais si vous étiez duc sans être honnête homme, je vous ferais encore justice ; car en vous rendant les devoirs extérieurs que l'ordre des hommes a attachés à votre naissance, je ne manquerais pas d'avoir pour vous le mépris intérieur que mériterait la bassesse de votre esprit.

Voilà en quoi consiste la justice de ces devoirs. Et l'injustice consiste à attacher les respects naturels aux grandeurs d'établissement, ou à exiger les respects d'établissement pour les grandeurs naturelles. M. N*** est un plus grand géomètre que moi ; en cette qualité il veut passer devant moi ? je lui dirai qu'il n'y entend rien. La géométrie est une grandeur naturelle, elle demande une préférence d'estime, mais les hommes n'y ont attaché aucune préférence extérieure. Je passerai donc devant lui, et l'estimerai plus que moi en qualité de géomètre. De même si, étant duc et pair, vous ne vous contentez pas que je me tienne découvert devant vous, et que vous voulussiez encore que je vous estimasse, je vous prierais de me montrer les qualités qui méritent mon estime. Si vous le faisiez, elle vous est acquise, et je ne vous la pourrais refuser avec justice; mais si vous ne le faisiez pas, vous seriez injuste de me la demander, et assurément vous n'y réussiriez pas, fussiez-vous le plus grand prince du monde.

Troisième discours

Je veux vous faire connaître, Monsieur, votre condition véritable, car c'est la chose du monde que les personnes de votre sorte ignorent le plus. Qu'est-ce à votre avis d'être grand seigneur? C'est être maître de plusieurs objets de la concupiscence des hommes, et ainsi pouvoir satisfaire aux besoins et aux désirs de plusieurs. Ce sont ces besoins et ces désirs qui les attirent auprès de vous, et qui font qu'ils se soumettent à vous; sans cela ils ne vous regarderaient pas seulement; mais ils espèrent, par ces services et ces déférences qu'ils vous rendent, obtenir de vous quelque part de ces biens qu'ils désirent et dont ils voient que vous disposez.

Dieu est environné de gens pleins de charité, qui lui demandent les biens de la charité qui sont en sa puissance : ainsi il est proprement le roi de la charité.

Vous êtes de même environné d'un petit nombre de personnes, sur qui vous régnez en votre manière. Ces gens sont pleins de concupiscence. Ils vous demandent les biens de la concupiscence. C'est la concupiscence qui les attache à vous. Vous êtes donc proprement un roi de concupiscence, votre royaume est de peu d'étendue, mais vous êtes égal en cela aux plus grands rois de la terre. Ils sont comme vous des rois de concupiscence. C'est la concupiscence qui fait leur force, c'est-à-dire la possession des choses que la cupidité des hommes désire.

Mais en connaissant votre condition naturelle, usez des moyens qu'elle vous donne; et ne prétendez pas régner par une autre voie que par celle qui vous fait roi. Ce n'est point votre force et votre puissance naturelle qui vous assujettit toutes ces personnes. Ne prétendez donc point les dominer par la force, ni les traiter avec dureté. Contentez leurs justes désirs, soulagez leurs nécessités, mettez votre plaisir à être bienfaisant, avancez-les autant que vous le pourrez, et vous agirez en vrai roi de concupiscence.

Ce que je vous dis ne va pas bien loin; et si vous en demeurez là, vous ne laisserez pas de vous perdre, mais au moins vous vous perdrez en honnête homme. Il y a des gens qui se damnent si sottement par l'avarice, par la brutalité, par les débauches, par la violence, par les emportements, par les blasphèmes! Le moyen que je vous ouvre est sans doute plus honnête; mais en vérité c'est toujours une grande folie que de se damner. Et c'est pourquoi il n'en faut pas demeurer là. Il faut mépriser la concupiscence et son royaume, et aspirer à ce royaume de charité où tous les sujets ne respirent que la charité et ne désirent que les biens de la charité. D'autres que moi vous en diront le chemin; il me suffit de vous avoir détourné de ces vies brutales où je vois que plusieurs personnes de votre condition se laissent emporter faute de bien connaître l'état véritable de cette condition.

Six liasses extraites
des *Pensées*

La numérotation des *Pensées* reprend l'édition établie par Michel Le Guern, Folio classique n° 4054. Le texte entre crochets correspond à des passages raturés dans le manuscrit de Pascal.

Vanité

11

Deux visages semblables, dont aucun ne fait rire en particulier, font rire ensemble par leur ressemblance.

12

Les vrais chrétiens obéissent aux folies néanmoins, non pas qu'ils respectent les folies, mais l'ordre de Dieu qui pour la punition des hommes les a asservis à ces folies. *Omnis creatura subjecta est vanitati, liberabitur* [1]. Ainsi saint Thomas explique le lieu de saint Jacques sur la préférence des riches [2], que s'ils ne le font dans la vue de Dieu ils sortent de l'ordre de la Religion.

---

1. « Toute créature a été assujettie à la vanité, elle sera libérée » (saint Paul, Épître aux Romains, VIII, 20-21).
2. Pascal commente l'Épître de saint Jacques : « S'il ne faut pas choisir les riches à cause de leurs richesses, cependant, à cause de Dieu, il ne faut pas les aimer moins. »

13

Persée, roi de Macédoine. Paul Émile [1].
On reprochait à Persée de ce qu'il ne se tuait pas.

14

Vanité.
Qu'une chose aussi visible qu'est la vanité du monde soit si peu connue, que ce soit une chose étrange et surprenante de dire que c'est une sottise de chercher les grandeurs, cela est admirable.

15

Inconstance et bizarrerie.
Ne vivre que de son travail, et régner sur le plus puissant État du monde sont choses très opposées. Elles sont unies dans la personne du Grand Seigneur des Turcs [2].

16

751 [3]. Un bout de capuchon arme 25 000 moines [4].

---

1. Paul Émile, consul romain, a vaincu Persée en 168 av. J.-C.
2. S'il ne vivait sans doute pas que de son travail, il est vrai que le Grand Seigneur des Turcs travaillait.
3. « 751 » : Pascal fait référence à son édition de Montaigne.
4. D'après Louis Lafuma (éditeur et commentateur de Pascal), une dispute éclata sur la forme que devait prendre le capuchon des moines.

17

Il a quatre laquais [1].

18

Il demeure au-delà de l'eau [2].

19

Si on est trop jeune on ne juge pas bien, trop vieil de même.

Si on n'y songe pas assez... Si on y songe trop, on s'entête et on s'en coiffe.

Si on considère son ouvrage incontinent après l'avoir fait, on en est encore tout prévenu : si trop longtemps après, on n'y entre plus.

Ainsi les tableaux vus de trop loin et de trop près. Et il n'y a qu'un point indivisible qui soit le véritable lieu, les autres sont trop près, trop loin, trop haut ou trop bas. La perspective l'assigne dans l'art de la peinture. Mais dans la vérité et dans la morale qui l'assignera ?

20

La puissance des mouches, elles gagnent des batailles [3], empêchent notre âme d'agir, mangent notre corps.

---

1. Voir la pensée 82.
2. C'est une référence à la relativité de la justice, cette « Plaisante justice qu'une rivière borne » (voir la pensée 56).
3. Comme le raconte Montaigne (*Essais*, II, 12), les abeilles ont chassé les Portugais lors d'un siège.

21

Vanité des sciences.

La science des choses extérieures ne nous consolera pas de l'ignorance de la morale au temps d'affliction, mais la science des mœurs me consolera toujours de l'ignorance des sciences extérieures.

22

Condition de l'homme.
Inconstance, ennui, inquiétude.

23

La coutume de voir les rois accompagnés de gardes, de tambours, d'officiers et de toutes les choses qui ploient la machine [1] vers le respect et la terreur font que leur visage, quand il est quelquefois seul et sans ses accompagnements, imprime dans leurs sujets le respect et la terreur parce qu'on ne sépare point dans la pensée leurs personnes d'avec leurs suites qu'on y voit d'ordinaire jointes ; et le monde qui ne sait pas que cet effet vient de cette coutume croit qu'il vient d'une force naturelle, et de là viennent ces mots : le caractère de la divinité est empreint sur son visage, etc.

24

La puissance des rois est fondée sur la raison et sur la folie du peuple, et bien plus sur la folie. La plus grande et

---

1. Il s'agit du corps. C'est le terme cartésien utilisé dans la théorie des animaux-machines.

importante chose du monde a pour fondement la faiblesse. Et ce fondement-là est admirablement sûr car il n'y a rien de plus que cela [1] que le peuple sera faible. Ce qui est fondé sur la saine raison est bien mal fondé, comme l'estime de la sagesse.

25

La nature de l'homme n'est pas d'aller toujours. Elle a ses allées et venues.

La fièvre a ses frissons et ses ardeurs, et le froid montre aussi bien la grandeur de l'ardeur de la fièvre que le chaud même.

Les inventions des hommes de siècle en siècle vont de même. La bonté et la malice du monde en général en est de même.

Plerumque gratae principibus vices [2].

26

Faiblesse.

Toutes les occupations des hommes sont à avoir du bien et ils ne sauraient avoir de titre pour montrer qu'ils le possèdent par justice, car ils n'ont que la fantaisie des hommes, ni force pour le posséder sûrement.

Il en est de même de la science car la maladie l'ôte. Nous sommes incapables et de vrai et de bien.

---

1. Cela signifie « rien de plus sûr que cela ».
2. « La plupart du temps les changements plaisent aux grands » (Horace, *Odes*, III, xxix, 13, cité par Montaigne, *Essais*, I, 42).

27

Ferox gens nullam esse vitam sine armis rati [1].

Ils aiment mieux la mort que la paix, les autres aiment mieux la mort que la guerre. Toute opinion peut être préférable à la vie, dont l'amour paraît si fort et si naturel.

28

On ne choisit pas pour gouverner un vaisseau celui des voyageurs qui est de la meilleure maison.

29

Les villes par où on passe, on ne se soucie pas d'y être estimé. Mais quand on y doit demeurer un peu de temps, on s'en soucie. Combien de temps faut-il? Un temps proportionné à notre durée vaine et chétive.

30

Vanité.
Les respects signifient : incommodez-vous [2].

---

1. «Nation farouche, qui ne pensait pas que la vie sans armes fût la vie» (Tite-Live, *Histoire de Rome*, XXXIV, XVII, cité par Montaigne, *Essais*, I, 14).
2. S'incommoder, c'est se causer une gêne physique, se causer du désagrément.

31

Ce qui m'étonne le plus est de voir que tout le monde n'est pas étonné de sa faiblesse. On agit sérieusement et chacun suit sa condition, non pas parce qu'il est bon en effet de la suivre puisque la mode en est, mais comme si chacun savait certainement où est la raison et la justice. On se trouve déçu à toute heure, et par une plaisante humilité on croit que c'est sa faute et non pas celle de l'art qu'on se vante toujours d'avoir. Mais il est bon qu'il y ait tant de ces gens-là au monde qui ne soient pas pyrrhoniens pour la gloire du pyrrhonisme[1], afin de montrer que l'homme est bien capable des plus extravagantes opinions puisqu'il est capable de croire qu'il n'est pas dans cette faiblesse naturelle et inévitable et de croire qu'il est au contraire dans la sagesse naturelle.

Rien ne fortifie plus le pyrrhonisme que ce qu'il y en a qui ne sont point pyrrhoniens. Si tous l'étaient, ils auraient tort. Cette secte se fortifie par ses ennemis plus que par ses amis car la faiblesse de l'homme paraît bien davantage en ceux qui ne la connaissent pas qu'en ceux qui la connaissent.

32

Talon de soulier[2].

Ô que cela est bien tourné! que voilà un habile ouvrier! que ce soldat est hardi! Voilà la source de nos inclinations et du choix des conditions. Que celui-là boit bien! que celui-

---

1. Le pyrrhonisme désigne le scepticisme, et les pyrrhoniens les sceptiques. Ces termes sont forgés à partir du nom de Pyrrhon (env. 365-275 av. J.-C.), fondateur de l'école sceptique.
2. Référence énigmatique qui renvoie au métier (ici le cordonnier) dont le choix est lié à l'admiration qu'il suscite.

là boit peu ! Voilà ce qui fait les gens sobres et ivrognes, soldats, poltrons, etc.

33

Qui ne voit pas la vanité du monde est bien vain lui-même. Aussi qui ne la voit excepté de jeunes gens qui sont tous dans le bruit, dans le divertissement et dans la pensée de l'avenir ? Mais ôtez leur divertissement, vous les verrez se sécher d'ennui. Ils sentent alors leur néant sans le connaître, car c'est bien être malheureux que d'être dans une tristesse insupportable aussitôt qu'on est réduit à se considérer, et à n'en être point diverti.

34

Métiers.

La douceur de la gloire est si grande qu'à quelque objet qu'on l'attache, même à la mort, on l'aime.

35

Trop et trop peu de vin.

Ne lui en donnez pas, il ne peut trouver la vérité. Donnez-lui en trop : de même.

36

Les hommes s'occupent à suivre une balle et un lièvre : c'est le plaisir même des Rois.

37

Quelle vanité que la peinture qui attire l'admiration pour la ressemblance des choses dont on n'admire point les originaux !

38

Deux infinis, milieu.

Quand on lit trop vite ou quand on lit trop doucement, on n'entend rien.

39

Combien de royaumes nous ignorent !

40

Peu de chose nous console parce que peu de chose nous afflige.

41

Imagination.

C'est cette partie dominante dans l'homme, cette maîtresse d'erreur et de fausseté, et d'autant plus fourbe qu'elle ne l'est pas toujours, car elle serait règle infaillible de vérité si elle l'était infaillible du mensonge. Mais étant le plus souvent fausse, elle ne donne aucune marque de sa qualité, marquant du même caractère le vrai et le faux. Je ne parle pas des fous, je parle des plus sages, et c'est parmi eux que l'imagination a le grand droit de persuader les hommes. La raison a beau crier, elle ne peut mettre le prix aux choses.

Cette superbe puissance ennemie de la raison, qui se plaît à la contrôler et à la dominer, pour montrer combien elle peut en toutes choses, a établi dans l'homme une seconde nature. Elle a ses heureux, ses malheureux, ses sains, ses malades, ses riches, ses pauvres. Elle fait croire, douter, nier la raison. Elle suspend les sens, elle les fait sentir. Elle a ses fous et ses sages. Et rien ne nous dépite davantage que de voir qu'elle remplit ses hôtes d'une satisfaction bien autrement pleine et entière que la raison. Les habiles par imagination se plaisent tout autrement à eux-mêmes que les prudents ne se peuvent raisonnablement plaire. Ils regardent les gens avec empire. Ils disputent avec hardiesse et confiance, les autres avec crainte et défiance, et cette gaîté de visage leur donne souvent l'avantage dans l'opinion des écoutants, tant les sages imaginaires ont de faveur auprès des juges de même nature. Elle ne peut rendre sages les fous, mais elle les rend heureux, à l'envi de la raison qui ne peut rendre ses amis que misérables, l'une les couvrant de gloire, l'autre de honte.

Qui dispense la réputation, qui donne le respect et la vénération aux personnes, aux ouvrages, aux lois, aux grands, sinon cette faculté imaginante ? Toutes les richesses de la terre insuffisantes sans son consentement. Ne diriez-vous pas que ce magistrat dont la vieillesse vénérable impose le respect à tout un peuple se gouverne par une raison pure et sublime, et qu'il juge des choses dans leur nature sans s'arrêter à ces vaines circonstances qui ne blessent que l'imagination des faibles ? Voyez-le entrer dans un sermon où il apporte un zèle tout dévot, renforçant la solidité de sa raison par l'ardeur de sa charité ; le voilà prêt à l'ouïr avec un respect exemplaire. Que le prédicateur vienne à paraître, si la nature lui a donné une voix enrouée et un tour de visage bizarre, que son barbier l'ait mal rasé, si le hasard l'a encore barbouillé de surcroît, quelques grandes vérités qu'il annonce, je parie la perte de la gravité de notre sénateur.

Le plus grand philosophe du monde sur une planche plus large qu'il ne faut, s'il y a au-dessous un précipice, quoique sa raison le convainque de sa sûreté, son imagination prévaudra. Plusieurs n'en sauraient soutenir la pensée sans pâlir et suer.

Je ne veux pas rapporter tous ses effets. Qui ne sait que la vue des chats, des rats, l'écrasement d'un charbon, etc., emportent la raison hors des gonds ? Le ton de voix impose aux plus sages et change un discours et un poème de force. L'affection ou la haine changent la justice de face et combien un avocat bien payé par avance trouve-t-il plus juste la cause qu'il plaide ! Combien son geste hardi la fait-il paraître meilleure aux juges dupés par cette apparence ! Plaisante raison qu'un vent manie et à tout sens. Je rapporterais presque toutes les actions des hommes qui ne branlent presque que par ses secousses. Car la raison a été obligée de céder, et la plus sage prend pour ses principes ceux que l'imagination des hommes a témérairement introduits en chaque lieu.

[Qui voudrait ne suivre que la raison serait fou prouvé au jugement de la plus grande partie des hommes du monde. Il faut puisqu'il y a plu travailler tout le jour et se fatiguer pour des biens reconnus pour imaginaires. Et quand le sommeil nous a délassés des fatigues de notre raison imaginaire et mis dans un calme admirable, il faut incontinent le détruire et se lever en sursaut pour aller courir après les fumées et essuyer les impressions de cette maîtresse du monde.

[Voilà un des principes d'erreur mais ce n'est pas le seul.

[L'homme a eu bien raison d'allier ces deux puissances quoique dans cette paix l'imagination ait bien amplement l'avantage, car dans la guerre elle l'a bien plus entier. La raison ne surmonte jamais tant l'imagination au lieu que l'imagination démonte souvent tout a fait la raison de son siège.]

Nos magistrats ont bien connu ce mystère. Leurs robes rouges, leurs hermines dont ils s'emmaillotent en chatsfourrés[1], les palais où ils jugent, les fleurs de lys, tout cet appareil auguste était fort nécessaire ; et si les médecins n'avaient des soutanes et des mules, et que les docteurs n'eussent des bonnets carrés et des robes trop amples de quatre parties, jamais ils n'auraient dupé le monde qui ne peut résister à cette montre si authentique. S'ils avaient la véritable justice et si les médecins avaient le vrai art de guérir, ils n'auraient que faire de bonnets carrés : la majesté de ces sciences serait assez vénérable d'elle-même, mais n'ayant que des sciences imaginaires, il faut qu'ils prennent ces vains instruments qui frappent l'imagination à laquelle ils ont à faire et par là en effet ils s'attirent le respect. Les seuls gens de guerre ne se sont pas déguisés de la sorte parce qu'en effet leur part est plus essentielle : ils s'établissent par la force, les autres par grimace.

C'est ainsi que nos rois n'ont pas recherché ces déguisements. Ils ne se sont pas masqués d'habits extraordinaires pour paraître tels. Mais ils se sont accompagnés de gardes, de balourds[2]. Ces trognes[3] armées qui n'ont de mains et de force que pour eux, les trompettes et les tambours qui marchent au-devant et ces légions qui les environnent font trembler les plus fermes. Ils n'ont pas l'habit, seulement ils ont la force. Il faudrait avoir une raison bien épurée pour regarder comme un autre homme[4] le Grand Seigneur environné dans son superbe sérail de quarante mille janissaires.

Nous ne pouvons pas seulement voir un avocat en soutane et le bonnet en tête sans une opinion avantageuse de sa suffisance.

L'imagination dispose de tout, elle fait la beauté, la jus-

---

1. Signe extérieur de noblesse.
2. Le mot est difficile à déchiffrer ; d'autres éditions proposent « hallebardes » et « balafrés ».
3. Le mot est également difficile à déchiffrer. Trogne signifie visage, au sens familier, et « fausse apparence ».
4. Un homme comme les autres.

tice et le bonheur qui est le tout du monde. Je voudrais de
bon cœur voir le livre italien dont je ne connais que le titre,
qui vaut lui seul bien des livres : *Dell' opinione regina del
mondo*[1]. J'y souscris sans le connaître, sauf le mal s'il y en a.

Voilà à peu près les effets de cette faculté trompeuse qui
semble nous être donnée exprès pour nous induire à une
erreur nécessaire. Nous en avons bien d'autres principes.

Les impressions anciennes ne sont pas seules capables de
nous abuser, les charmes de la nouveauté ont le même pouvoir. De là vient toute la dispute des hommes, qui se repro-
chent ou de suivre leurs fausses impressions de l'enfance,
ou de courir témérairement après les nouvelles. Qui tient
le juste milieu, qu'il paraisse et qu'il le prouve. Il n'y a principe quelque naturel qu'il puisse être, même depuis l'enfance, qu'on ne fasse passer pour une fausse impression, soit
de l'instruction, soit des sens.

« Parce, dit-on, que vous avez cru dès l'enfance qu'un
coffre était vide lorsque vous n'y voyiez rien, vous avez cru
le vide possible. C'est une illusion de vos sens, fortifiée par
la coutume, qu'il faut que la science corrige. » Et les autres
disent : « Parce qu'on vous a dit dans l'école qu'il n'y a point
de vide, on a corrompu votre sens commun qui le com-
prenait si nettement avant cette mauvaise impression qu'il
faut corriger en recourant à votre première nature. » Qui
a donc trompé, les sens ou l'instruction ?

Nous avons un autre principe d'erreur, les maladies. Elles
nous gâtent le jugement et le sens. Et si les grandes l'altè-
rent sensiblement, je ne doute pas que les petites n'y fas-
sent impression à leur proportion.

Notre propre intérêt est encore un merveilleux instrument pour nous crever les yeux agréablement. Il n'est pas
permis au plus équitable homme du monde d'être juge en
sa cause. J'en sais qui, pour ne pas tomber dans cet amour-

---

1. « L'opinion régit le monde. »

propre, ont été les plus injustes du monde à contrebiais. Le moyen sûr de perdre une affaire toute juste était de la leur faire recommander par leurs proches parents. La justice et la vérité sont deux pointes si subtiles que nos instruments sont trop mousses[1] pour y toucher exactement. S'ils y arrivent, ils en écachent[2] la pointe et appuient tout autour plus sur le faux que sur le vrai.

[L'homme est donc si heureusement fabriqué qu'il n'a aucun principe juste du vrai et plusieurs excellents du faux. Voyons maintenant combien. Mais la plus plaisante cause de ses erreurs est la guerre qui est entre les sens et la raison.]

*L'homme n'est qu'un sujet plein d'erreur naturelle, et ineffaçable sans la grâce. Rien ne lui montre la vérité. Tout l'abuse. Ces deux principes de vérité, la raison et les sens, outre qu'ils manquent chacun de sincérité, s'abusent réciproquement l'un l'autre ; les sens abusent la raison par de fausses apparences, et cette même piperie qu'ils apportent à l'âme, ils la reçoivent d'elle à leur tour ; elle s'en revanche. Les passions de l'âme les troublent et leur font des impressions fausses. Ils mentent et se trompent à l'envi.

Mais outre cette erreur qui vient par accident et par le manque d'intelligence entre ces facultés hétérogènes...

42

Vanité.
La cause et les effets de l'amour.
Cléopâtre[3].

---

* Il faut commencer par là le chapitre des puissances trompeuses. (*Les notes appelées par un astérisque sont de Pascal.*)

1. Trop émoussés.

2. Écrasent.

3. Il s'agit du nez de Cléopâtre, figure de la vanité des causes et effets de l'amour, car il change tout l'univers (voir la pensée 183).

43

Nous ne nous tenons jamais au temps présent. Nous anticipons l'avenir comme trop lent à venir, comme pour hâter son cours, ou nous rappelons le passé pour l'arrêter comme trop prompt, si imprudents que nous errons dans les temps qui ne sont point nôtres, et ne pensons point au seul qui nous appartient, et si vains que nous songeons à ceux qui ne sont rien, et échappons sans réflexion le seul qui subsiste. C'est que le présent d'ordinaire nous blesse. Nous le cachons à notre vue parce qu'il nous afflige, et s'il nous est agréable nous regrettons de le voir échapper. Nous tâchons de le soutenir par l'avenir, et pensons à disposer les choses qui ne sont pas en notre puissance pour un temps où nous n'avons aucune assurance d'arriver.

Que chacun examine ses pensées. Il les trouvera toutes occupées au passé ou à l'avenir. Nous ne pensons presque point au présent, et si nous y pensons ce n'est que pour en prendre la lumière pour disposer de l'avenir. Le présent n'est jamais notre fin. Le passé et le présent sont nos moyens ; le seul avenir est notre fin. Ainsi nous ne vivons jamais, mais nous espérons de vivre, et nous disposant toujours à être heureux il est inévitable que nous ne le soyons jamais.

44

L'esprit de ce souverain juge du monde n'est pas si indépendant qu'il ne soit sujet à être troublé par le premier tintamarre qui se fait autour de lui. Il ne faut pas le bruit d'un canon pour empêcher ses pensées. Il ne faut que le bruit d'une girouette ou d'une poulie. Ne vous étonnez point s'il ne raisonne pas bien à présent, une mouche bourdonne à ses oreilles : c'en est assez pour le rendre incapable de bon conseil. Si vous voulez qu'il puisse trouver la vérité, chassez cet animal qui tient sa raison en échec et trouble cette puissante intelligence qui gouverne les villes et les royaumes.

Le plaisant dieu que voilà ! O ridicolosissime heroe[1] !

45

César était trop vieil, ce me semble, pour s'aller amuser à conquérir le monde. Cet amusement était bon à Auguste ou à Alexandre. C'étaient des jeunes gens qu'il est difficile d'arrêter, mais César devait être plus mûr[2].

46

Les Suisses s'offensent d'être dits gentilshommes et prouvent leur roture de race[3] pour être jugés dignes des grands emplois.

47

Pourquoi me tuez-vous ? — Et quoi ? Ne demeurez-vous pas de l'autre côté de l'eau[4] ? Mon ami, si vous demeuriez de ce côté je serais un assassin, et cela serait injuste de vous

1. « Ô très ridicule héros. » Il s'agit d'une apostrophe italienne adressée au comédien Scaramouche, affichée sur la porte de la congrégation des Grands Augustins en 1657, indiquant que la comédie est présente chez les savants.
2. Selon les observations de Montaigne, César est moins impétueux dans ses entreprises qu'Alexandre.
3. En Suisse, les roturiers étaient honorés.
4. Allusion à la relativité de la justice (voir la note 2, p. 21).

tuer de la sorte. Mais puisque vous demeurez de l'autre côté je suis un brave et cela est juste.

48

Le bon sens.

Ils sont contraints de dire : « Vous n'agissez pas de bonne foi, nous ne dormons pas [1], etc. » Que j'aime à voir cette superbe raison humiliée et suppliante ! Car ce n'est pas là le langage d'un homme à qui on dispute son droit, et qui le défend les armes et la force à la main. Il ne s'amuse pas à dire qu'on n'agit pas de bonne foi, mais il punit cette mauvaise foi par la force.

---

1. C'est une référence à l'argument sceptique du sommeil, qui nous donne l'illusion d'une réalité. Il n'y a pas de critère pour distinguer entre la veille et le sommeil. L'argument est repris à la pensée 122.

Misère

49

Bassesse de l'homme jusqu'à se soumettre aux bêtes, jusques à les adorer.

50

Inconstance.

Les choses ont diverses qualités et l'âme diverses inclinations, car rien n'est simple de ce qui s'offre à l'âme, et l'âme ne s'offre jamais simple à aucun sujet. De là vient qu'on pleure et qu'on rit d'une même chose.

51

Inconstance.

On croit toucher des orgues ordinaires en touchant l'homme. Ce sont des orgues à la vérité, mais bizarres, changeantes, variables. Ceux qui ne savent toucher que les ordinaires ne feraient pas d'accords sur celles-là. Il faut savoir où sont les marches [1].

---

1. Pédales de l'orgue.

52

Nous sommes si malheureux que nous ne pouvons prendre plaisir à une chose qu'à condition de nous fâcher si elle réussit mal, ce que mille choses peuvent faire et font à toute heure. Qui aurait trouvé le secret de se réjouir du bien sans se fâcher du mal contraire aurait trouvé le point. C'est le mouvement perpétuel.

53

Il n'est pas bon d'être trop libre.
Il n'est pas bon d'avoir toutes les nécessités.

54

La Tyrannie consiste au désir de domination universel et hors de son ordre.

Diverses chambres de forts, de beaux, de bons esprits, de pieux, dont chacun règne chez soi, non ailleurs. Et quelquefois ils se rencontrent et le fort et le beau se battent sottement à qui sera le maître l'un de l'autre, car leur maîtrise est de divers genre. Ils ne s'entendent pas. Et leur faute est de vouloir régner partout. Rien ne le peut, non pas même la force : elle ne fait rien au royaume des savants, elle n'est maîtresse que des actions extérieures.

Tyrannie.

La tyrannie est de vouloir avoir par une voie ce qu'on ne peut avoir que par une autre. On rend différents devoirs aux différents mérites, devoir d'amour à l'agrément, devoir de crainte à la force, devoir de créance à la science.

On doit rendre ces devoirs-là, on est injuste de les refuser, et injuste d'en demander d'autres.

Ainsi ces discours sont faux et tyranniques : « Je suis beau,
donc on doit me craindre ; je suis fort, donc on doit m'aimer ; je suis... » Et c'est de même être faux et tyrannique
de dire : « Il n'est pas fort, donc je ne l'estimerai pas. Il n'est
pas habile, donc je ne le craindrai pas. »

55

Quand il est question de juger si on doit faire la guerre
et tuer tant d'hommes, condamner tant d'Espagnols[1] à la
mort, c'est un homme seul qui en juge, et encore intéressé ;
ce devrait être un tiers indifférent.

56

[Mais peut-être que ce sujet passe la portée de la raison.
Examinons donc ses inventions sur les choses de sa force.
S'il y a quelque chose où son intérêt propre ait dû la faire
appliquer de son plus sérieux, c'est à la recherche de son
souverain bien. Voyons donc où ces âmes fortes et clair-
voyantes l'ont placé et si elles en sont d'accord.

[L'un dit que le souverain bien est en la vertu, l'autre le
met en la volupté, l'autre à suivre la nature, l'autre en la
vérité (« *felix qui potuit rerum cognoscere causas*[2] »), l'autre à
l'ignorance totale, l'autre en l'indolence, d'autres à résister
aux apparences, l'autre à n'admirer rien (« *nihil mirari prope*

---

1. Il s'agit du sang versé par les Espagnols pendant la bataille des
Dunes, près de Dunkerque, où Turenne battit l'armée espagnole le
14 juin 1658, avant le traité des Pyrénées de 1659.
2. « Heureux celui qui a pu connaître les causes des choses » (Vir-
gile, *Géorgiques*, II, v. 489, cité par Montaigne, *Essais*, III, 10).

res una quae possit facere et servare beatum[1] »), les braves
pyrrhoniens en leur ataraxie, doute et suspension perpétuelle, et d'autres plus sages qu'on ne le peut trouver, non
pas même par souhait. Nous voilà bien payés.]

Sur quoi fondera-t-il l'économie du monde qu'il veut gouverner ? Sera-ce sur le caprice de chaque particulier ? Quelle
confusion ! Sera-ce sur la justice ? Il l'ignore. Certainement
s'il la connaissait il n'aurait pas établi cette maxime, la plus
générale de toutes celles qui sont parmi les hommes, que
chacun suive les mœurs de son pays. L'éclat de la véritable
équité aurait assujetti tous les peuples. Et les législateurs
n'auraient pas pris pour modèle, au lieu de cette justice
constante, les fantaisies et les caprices des Perses et Allemands. On la verrait plantée par tous les États du monde,
et dans tous les temps, au lieu qu'on ne voit rien de juste
ou d'injuste qui ne change de qualité en changeant de cli-
mat. Trois degrés d'élévation du pôle renversent toute la
jurisprudence. Un méridien décide de la vérité. En peu d'années de possession, les lois fondamentales changent, le droit
a ses époques, l'entrée de Saturne au Lion nous marque
l'origine d'un tel crime. Plaisante justice qu'une rivière
borne ! Vérité au-deçà des Pyrénées, erreur au-delà.

Ils confessent que la justice n'est pas dans ces coutumes,
mais qu'elle réside dans les lois naturelles communes en
tout pays. Certainement ils le soutiendraient opiniâtrement
si la témérité du hasard qui a semé les lois humaines en avait
rencontré au moins une qui fût universelle. Mais la plaisan-
terie est telle que le caprice des hommes s'est si bien diversifié qu'il n'y en a point.

Le larcin, l'inceste, le meurtre des enfants et des pères,
tout a eu sa place entre les actions vertueuses. Se peut-il
rien de plus plaisant qu'un homme ait droit de me tuer

---

1. « Ne s'étonner de rien, à peu près la seule chose qui puisse donner et conserver le bonheur » (citation approximative d'Horace,
Épîtres, I, VI, 1-2, rapportée par Montaigne, *Essais*, II, 12).

parce qu'il demeure au-delà de l'eau et que son prince a querelle contre le mien, quoique je n'en aie aucune avec lui ?

Il y a sans doute des lois naturelles, mais cette belle raison corrompue a tout corrompu. *Nihil amplius nostrum est, quod nostrum dicimus artis est*[1]. *Ex senatusconsultis et plebiscitis crimina exercentur*[2]. *Ut olim vitiis sic nunc legibus laboramus*[3].

De cette confusion arrive que l'un dit que l'essence de la justice est l'autorité du législateur, l'autre la commodité du souverain, l'autre la coutume présente, et c'est le plus sûr. Rien suivant la seule raison n'est juste de soi, tout branle avec le temps. La coutume fait toute l'équité, par cette seule raison qu'elle est reçue. C'est le fondement mystique de son autorité. Qui la ramènera à son principe l'anéantit. Rien n'est si fautif que ces lois qui redressent les fautes. Qui leur obéit parce qu'elles sont justes, obéit à la justice qu'il imagine, mais non pas à l'essence de la loi. Elle est toute ramassée en soi. Elle est loi et rien davantage. Qui voudra en examiner le motif le trouvera si faible et si léger que s'il n'est accoutumé à contempler les prodiges de l'imagination humaine, il admirera qu'un siècle lui ait tant acquis de pompe et de révérence. L'art de fronder et de bouleverser les États est d'ébranler les coutumes établies, en sondant jusque dans leur source pour marquer leur défaut d'autorité et de justice. « Il faut, dit-on, recourir aux lois fondamentales et primitives de l'État qu'une coutume injuste a abolies. » C'est un jeu sûr pour tout perdre ; rien ne sera juste à cette balance. Cependant le peuple prête aisément l'oreille à ces discours. Ils secouent le joug dès qu'ils le reconnaissent, et les grands en profitent à sa ruine, et à

---

1. « Car il ne reste rien qui soit nôtre : ce que nous appelons nôtre est l'effet de l'art » (citation modifiée de Cicéron, *De Finibus*, V, 21, par Montaigne, *Essais*, II, 12).

2. « C'est en vertu des sénatus-consultes et des plébiscites qu'on commet des crimes » (citation de Sénèque, *Lettre 95*, par Montaigne, *Essais*, III, 1).

3. « Comme autrefois de nos turpitudes, nous souffrons aujourd'hui de nos lois » (Tacite, *Annales*, III, 25, cité par Montaigne, *Essais*, III, 13).

celle de ces curieux examinateurs des coutumes reçues. C'est pourquoi le plus sage législateur[1] disait que pour le bien des hommes, il faut souvent les piper, et un autre bon politique : «*Cum veritatem qua liberetur ignoret, expedit quod fallatur*[2].» Il ne faut pas qu'il sente la vérité de l'usurpation, elle a été introduite autrefois sans raison, elle est devenue raisonnable. Il faut la faire regarder comme authentique, éternelle et en cacher le commencement si on ne veut qu'elle ne prenne bientôt fin.

[* Si faut-il voir si cette belle philosophie n'a rien acquis de certain par un travail si long et si tendu, peut-être qu'au moins l'âme se connaîtra soi-même. Écoutons les régents du monde sur ce sujet. Qu'ont-ils pensé de sa substance ?

[395.

[Ont-ils été plus heureux à la loger ?

[395.

[Qu'ont-ils trouvé de son origine, de sa durée et de son départ ?

[399.

[Est-ce donc que l'âme est encore un sujet trop noble pour ses faibles lumières ? Abaissons-la donc à la matière. Voyons si elle sait de quoi est fait le propre corps qu'elle anime, et les autres qu'elle contemple et qu'elle remue à son gré. Qu'en ont-ils connu, ces grands dogmatistes qui n'ignorent rien ?

[393.

[«*Harum sententiarum*[3].»

[Cela suffirait sans doute si la raison était raisonnable. Elle l'est bien assez pour avouer qu'elle n'a pu encore trouver rien de ferme, mais elle ne désespère pas encore d'y arri-

---

* Transposez après les lois, article suivant.

1. Selon Montaigne, il s'agit de Platon.

2. «Quand il ignore la vérité qui délivre, il est bon qu'il soit trompé» (citation inexacte de saint Augustin, *La Cité de Dieu*, IV, 31, cité lui-même approximativement par Montaigne, *Essais*, II, 12).

3. «Laquelle est la vraie de ces opinions, c'est à un dieu de le voir» (Cicéron, *Tusculanes*, I, XI, cité par Montaigne, *Essais*, II, 12).

ver. Au contraire, elle est aussi ardente que jamais dans cette recherche et s'assure d'avoir en soi les forces nécessaires pour cette conquête.

[Il faut donc l'achever, et après avoir examiné ses puissances dans leurs effets, reconnaissons-les en elles-mêmes. Voyons si elle a quelques fortes et quelques prises capables de saisir la vérité.]

57

Justice.
Comme la mode fait l'agrément, aussi fait-elle la justice.

58

Qui aurait eu l'amitié du roi d'Angleterre, du roi de Pologne et de la reine de Suède [1], aurait-il cru manquer de retraite et d'asile au monde ?

59

La gloire.
L'admiration gâte tout dès l'enfance. « Ô que cela est bien dit ! ô qu'il a bien fait, qu'il est sage, etc. »
Les enfants de P. R. [2] auxquels on ne donne point cet aiguillon d'envie et de gloire tombent dans la nonchalance.

---

1. Le roi d'Angleterre, Charles Ier, fut décapité en 1649 ; le roi de Pologne est Jean-Casimir, dépossédé de son royaume par les victoires de Charles-Gustave, roi de Suède ; Christine de Suède abdiqua en 1654.
2. « P. R. » signifie Port-Royal.

60

Mien, tien.

« Ce chien est à moi », disaient ces pauvres enfants.
« C'est là ma place au soleil. » Voilà le commencement et
l'image de l'usurpation de toute la terre.

61

Diversité.

La théologie est une science, mais en même temps combien est-ce de sciences ? Un homme est un suppôt [1], mais si
on l'anatomise, que sera-ce ? la tête, le cœur, l'estomac, les
veines, chaque veine, chaque portion de veine, le sang,
chaque humeur de sang.

Une ville, une campagne, de loin est une ville et une campagne, mais à mesure qu'on s'approche, ce sont des maisons, des arbres, des tuiles, des feuilles, des herbes, des
fourmis, des jambes de fourmis, à l'infini. Tout cela s'enve-
loppe sous le nom de campagne.

62

Injustice.

Il est dangereux de dire au peuple que les lois ne sont
pas justes, car il n'y obéit qu'à cause qu'il les croit justes.
C'est pourquoi il lui faut dire en même temps qu'il y faut
obéir parce qu'elles sont lois, comme il faut obéir aux supérieurs non pas parce qu'ils sont justes, mais parce qu'ils sont
supérieurs. Par là voilà toute sédition prévenue, si on peut

---

1. Sujet ou substance.

faire entendre cela et que proprement c'est la définition de
la justice.

63

Injustice.

La juridiction ne se donne pas pour le juridiciant mais
pour le juridicié [1] : il est dangereux de le dire au peuple,
mais le peuple a trop de croyance en vous ; cela ne lui nuira
pas et peut vous servir. Il faut donc le publier. « *Pasce oves
meas non tuas* [2]. » Vous me devez pâture.

64

Quand je considère la petite durée de ma vie, absorbée
devant l'éternité précédant et suivant (« *memoria hospitis
unius diei praetereuntis* [3] »), le petit espace que je remplis et
même que je vois, abîmé dans l'infinie immensité des
espaces que j'ignore et qui m'ignorent, je m'effraie et
m'étonne de me voir ici plutôt que là, car il n'y a point de
raison pourquoi ici plutôt que là, pourquoi à présent plutôt
que lors. Qui m'y a mis ? Par l'ordre et la conduite de qui
ce lieu et ce temps a-t-il été destiné à moi ?

65

Misère.

Job et Salomon.

---

1. Cela signifie « non pour le juge mais pour le justiciable ».
2. « Pais mes brebis, non les tiennes » (citation de saint Augustin
commentant l'Évangile de saint Jean, XXI, 17).
3. « Le souvenir d'un homme logé pour un jour, qui passe outre »
(Charron, *De la sagesse*, V, 14).

66

Si notre condition était véritablement heureuse, il ne faudrait pas nous divertir d'y penser.

67

Contradiction.
Orgueil contrepesant toutes les misères : ou il cache ses misères, ou, s'il les découvre, il se glorifie de les connaître.

68

Il faut se connaître soi-même. Quand cela ne servirait pas à trouver le vrai, cela au moins sert à régler sa vie, et il n'y a rien de plus juste.

69

Le sentiment de la fausseté des plaisirs présents et l'ignorance de la vanité des plaisirs absents cause l'inconstance.

70

Injustice.
Ils n'ont point trouvé d'autre moyen de satisfaire leur concupiscence sans faire tort aux autres.

71

L'Ecclésiaste montre que l'homme sans Dieu est dans l'ignorance de tout et dans un malheur inévitable, car c'est être malheureux que de vouloir et ne pouvoir. Or il veut être heureux et assuré de quelque vérité. Et cependant il ne peut ni savoir ni ne désirer point de savoir. Il ne peut même douter.

Raisons des effets

75

Le respect est : « Incommodez-vous[1]. »

Cela est vain en apparence, mais très juste, car c'est dire : « Je m'incommoderais bien si vous en aviez besoin, puisque je le fais bien sans que cela vous serve », outre que le respect est pour distinguer les grands. Or si le respect était d'être en fauteuil, on respecterait tout le monde et ainsi on ne distinguerait pas. Mais étant incommodé on distingue fort bien.

76

Les seules règles universelles sont les lois du pays aux choses ordinaires et la pluralité aux autres. D'où vient cela ? de la force qui y est.

Et de là vient que les rois qui ont la force d'ailleurs ne suivent pas la pluralité de leurs ministres.

Sans doute l'égalité des biens est juste mais...

Ne pouvant faire qu'il soit forcé d'obéir à la justice, on a fait qu'il soit juste d'obéir à la force. Ne pouvant fortifier la

---

1. S'imposer une gêne physique (voir la pensée 30).

justice, on a justifié la force, afin que le juste et le fort fussent ensemble et que la paix fût, qui est le souverain bien.

La sagesse nous envoie à l'enfance : « *Nisi efficiamini sicut parvuli*[1]. »

77

[Descartes.

[Il faut dire en gros : « Cela se fait par figure et mouvement », car cela est vrai. Mais de dire quels, et composer la machine, cela est ridicule, car cela est inutile et incertain et pénible. Et quand cela serait vrai, nous n'estimons pas que toute la philosophie vaille une heure de peine[2].]

Le monde juge bien des choses, car il est dans l'ignorance naturelle qui est le vrai siège de l'homme. Les sciences ont deux extrémités qui se touchent, la première est la pure ignorance naturelle où se trouvent tous les hommes en naissant, l'autre extrémité est celle où arrivent les grandes âmes qui, ayant parcouru tout ce que les hommes peuvent savoir, trouvent qu'ils ne savent rien et se rencontrent en cette même ignorance d'où ils étaient partis, mais c'est une ignorance savante qui se connaît. Ceux d'entre deux, qui sont sortis de l'ignorance naturelle et n'ont pu arriver à l'autre, ont quelque teinture de sotte science suffisante et font les entendus. Ceux-là troublent le monde et jugent mal de tout.

Le peuple et les habiles composent le train du monde ; ceux-là le méprisent et sont méprisés. Ils jugent mal de toutes choses, et le monde en juge bien.

---

1. « Si vous ne devenez pas comme des petits enfants » (Matthieu, XVIII, 3).
2. Le texte entre crochets est rayé dans le manuscrit.

78

« *Summum jus, summa injuria* [1]. »

La pluralité est la meilleure voie parce qu'elle est visible et qu'elle a la force pour se faire obéir. Cependant c'est l'avis des moins habiles.

Si l'on avait pu, l'on aurait mis la force entre les mains de la justice. Mais comme la force ne se laisse pas manier comme on veut parce que c'est une qualité palpable, au lieu que la justice est une qualité spirituelle dont on dispose comme on veut, on l'a mise entre les mains de la force et ainsi on appelle juste ce qu'il est force d'observer.

De là vient le droit de l'épée, car l'épée donne un véritable droit.

Autrement on verrait la violence d'un côté et la justice de l'autre. Fin de la 12e provinciale.

De là vient l'injustice de la Fronde, qui élève sa prétendue justice contre la force.

Il n'en est pas de même dans l'Église, car il y a une justice véritable et nulle violence.

79

Veri juris [2], nous n'en avons plus. Si nous en avions, nous ne prendrions pas pour règle de justice de suivre les mœurs de son pays.

C'est là que ne pouvant trouver le juste, on a trouvé le fort, etc.

---

1. « Le comble du droit est le comble de l'injustice. » C'est la maxime de l'équité que l'on trouve chez Cicéron, *De officiis*, I, 10, 33.
2. « De vrai droit ».

80

Le chancelier est grave et revêtu d'ornements, car son poste est faux, et non le roi. Il a la force, il n'a que faire de l'imagination. Les juges, médecins, etc., n'ont que l'imagination.

81

C'est l'effet de la force, non de la coutume, car ceux qui sont capables d'inventer sont rares. Les plus forts en nombre ne veulent que suivre et refusent la gloire à ces inventeurs qui la cherchent par leurs inventions et s'ils s'obstinent à la vouloir obtenir et à mépriser ceux qui n'inventent pas, les autres leur donneront des noms ridicules, leur donneraient des coups de bâton. Qu'on ne se pique donc pas de cette subtilité, ou qu'on se contente en soi-même.

82

Raison des effets.

Cela est admirable : on ne veut pas que j'honore un homme vêtu de brocatelle [1], et suivi de sept ou huit laquais. Et quoi ! il me fera donner les étrivières [2] si je ne le salue. Cet habit, c'est une force. C'est bien de même qu'un cheval bien enharnaché à l'égard d'un autre ! Montaigne est plaisant de ne pas voir quelle différence il y a et d'admirer qu'on y en trouve et d'en demander la raison : « De vrai, dit-il, d'où vient, etc. »

---

1. Étoffe qui imite le brocart.
2. Courroie par laquelle l'étrier est suspendu à la selle.

83

Raison des effets.

Gradation. Le peuple honore les personnes de grande naissance ; les demi-habiles les méprisent disant que la naissance n'est pas un avantage de la personne mais du hasard. Les habiles les honorent, non par la pensée du peuple, mais par la pensée de derrière. Les dévots qui ont plus de zèle que de science les méprisent malgré cette considération qui les fait honorer par les habiles, parce qu'ils en jugent par une nouvelle lumière que la piété leur donne, mais les chrétiens parfaits les honorent par une autre lumière supérieure.

Ainsi se vont les opinions succédantes du pour au contre selon qu'on a de lumière.

84

Raison des effets.

Il faut avoir une pensée de derrière, et juger de tout par là, en parlant cependant comme le peuple.

85

Raison des effets.

Il est donc vrai de dire que tout le monde est dans l'illusion car encore que les opinions du peuple soient saines, elles ne le sont pas dans sa tête, car il pense que la vérité est où elle n'est pas. La vérité est bien dans leurs opinions, mais non pas au point où ils se figurent. Il est vrai qu'il faut honorer les gentilshommes, mais non pas parce que la naissance est un avantage effectif, etc.

86

Raison des effets.

Renversement continuel du pour au contre.

Nous avons donc montré que l'homme est vain par l'estime qu'il fait des choses qui ne sont point essentielles. Et toutes ces opinions sont détruites.

Nous avons montré ensuite que toutes ces opinions sont très saines, et qu'ainsi toutes ces vanités étant très bien fondées, le peuple n'est pas si vain qu'on dit. Et ainsi nous avons détruit l'opinion qui détruisait celle du peuple.

Mais il faut détruire maintenant cette dernière proposition et montrer qu'il demeure toujours vrai que le peuple est vain, quoique ses opinions soient saines, parce qu'il n'en sent pas la vérité où elle est et que, la mettant où elle n'est pas, ses opinions sont toujours très fausses et très malsaines.

87

Opinions du peuple saines.

Le plus grand des maux est les guerres civiles. Elles sont sûres si on veut récompenser les mérites, car tous diront qu'ils méritent. Le mal à craindre d'un sot qui succède par droit de naissance n'est ni si grand, ni si sûr.

88

Opinions du peuple saines.

Être brave [1] n'est pas trop vain, car c'est montrer qu'un

---

1. C'est-à-dire être vêtu, paré avec soin.

grand nombre de gens travaillent pour soi, c'est montrer par ses cheveux qu'on a un valet de chambre, un parfumeur, etc., par son rabat, le fil, le passement, etc. Or ce n'est pas une simple superficie, ni un simple harnais d'avoir plusieurs bras.

Plus on a de bras, plus on est fort. Être brave, c'est montrer sa force.

89

Raison des effets.

La faiblesse de l'homme est la cause de tant de beautés qu'on établit, comme de savoir bien jouer du luth n'est un mal qu'à cause de notre faiblesse.

90

Raison des effets.

La concupiscence et la force sont les sources de toutes nos actions. La concupiscence fait les volontaires, la force les involontaires.

91

D'où vient qu'un boiteux ne nous irrite pas et un esprit boiteux nous irrite? À cause qu'un boiteux reconnaît que nous allons droit et qu'un esprit boiteux dit que c'est nous qui boitons. Sans cela nous en aurions pitié et non colère.

Épictète demande bien plus fortement : «Pourquoi ne nous fâchons-nous pas si on dit que nous avons mal à la tête, et que nous nous fâchons de ce qu'on dit que nous raisonnons mal ou que nous choisissons mal?»

Ce qui cause cela est que nous sommes bien certains que

nous n'avons pas mal à la tête et que nous ne sommes pas boiteux, mais nous ne sommes pas si assurés que nous choisissons le vrai, de sorte que n'en ayant d'assurance qu'à cause que nous le voyons de toute notre vue, quand un autre voit de toute sa vue le contraire, cela nous met en suspens et nous étonne. Et encore plus quand mille autres se moquent de notre choix, car il faut préférer nos lumières à celles de tant d'autres, et cela est hardi et difficile. Il n'y a jamais cette contradiction dans les sens touchant un boiteux.

L'homme est ainsi fait qu'à force de lui dire qu'il est un sot, il le croit; et à force de se le dire à soi-même on se le fait croire, car l'homme fait lui seul une conversation intérieure, qu'il importe de bien régler. « *Corrumpunt bonos mores colloquia prava* [1]. » Il faut se tenir en silence autant qu'on peut, et ne s'entretenir que de Dieu qu'on sait être la vérité; et ainsi on se le persuade à soi-même.

92

Raison des effets.

Épictète. Ceux qui disent : « Vous avez mal à la tête », ce n'est pas de même. On est assuré de la santé, et non pas de la justice, et en effet la sienne était une niaiserie.

Et cependant il la croyait démontrer en disant ou en notre puissance ou non.

Mais il ne s'apercevait pas qu'il n'est pas en notre pouvoir de régler le cœur, et il avait tort de le conclure de ce qu'il y avait des chrétiens.

---

1. « Mauvais propos corrompent les bonnes mœurs » (saint Paul, Ire Épître aux Corinthiens, xv, 33).

93

Le peuple a des opinions très saines. Par exemple :

1. d'avoir choisi le divertissement, et la chasse plutôt que la prise. Les demi-savants s'en moquent et triomphent à montrer là-dessus la folie du monde, mais par une raison qu'ils ne pénètrent pas, on a raison.

2. d'avoir distingué les hommes par le dehors, comme par la noblesse ou le bien. Le monde triomphe encore à montrer combien cela est déraisonnable. Mais cela est très raisonnable. Cannibales se rient d'un enfant roi[1].

3. de s'offenser pour avoir reçu un soufflet, ou de tant désirer la gloire, mais cela est très souhaitable à cause des autres biens essentiels qui y sont joints. Et un homme qui a reçu un soufflet sans s'en ressentir est accablé d'injures et de nécessités.

4. travailler pour l'incertain, aller sur la mer[2], passer sur une planche.

94

Justice, force.

Il est juste que ce qui est juste soit suivi ; il est nécessaire que ce qui est le plus fort soit suivi.

La justice sans la force est impuissante ; la force sans la justice est tyrannique.

La justice sans force est contredite, parce qu'il y a toujours des méchants. La force sans la justice est accusée. Il

---

1. C'est une remarque issue du chapitre « Des cannibales » (chap. XXXI, livre I) des *Essais* de Montaigne, à propos de l'étonnement de certains devant le fait qu'un enfant puisse commander à des hommes.

2. C'est un exemple de ce que l'on fait pour l'incertain (voir la pensée 494).

faut donc mettre ensemble la justice et la force, et pour cela faire que ce qui est juste soit fort ou que ce qui est fort soit juste.

La justice est sujette à dispute. La force est très reconnaissable et sans dispute. Aussi on n'a pu donner la force à la justice, parce que la force a contredit la justice et a dit qu'elle était injuste, et a dit que c'était elle qui était juste.

Et ainsi ne pouvant faire que ce qui est juste fût fort, on a fait que ce qui est fort fût juste.

95

Que la noblesse est un grand avantage, qui dès dix-huit ans met un homme en passe[1], connu et respecté comme un autre pourrait avoir mérité à cinquante ans. C'est trente ans gagnés sans peine.

---

1. « Être en passe » signifie pouvoir faire passer sa boule par la « passe » : c'est une métaphore empruntée au jeu de mail.

Grandeur

96

Si un animal faisait par esprit ce qu'il fait par instinct, et s'il parlait par esprit ce qu'il parle par instinct pour la chasse et pour avertir ses camarades que la proie est trouvée ou perdue, il parlerait bien aussi pour des choses où il a plus d'affection, comme pour dire : « Rongez cette corde qui me blesse et où je ne puis atteindre. »

97

Grandeur.
Les raisons des effets marquent la grandeur de l'homme, d'avoir tiré de la concupiscence un si bel ordre.

98

Le bec du perroquet [1] qu'il essuie quoiqu'il soit net.

---

1. Il s'agit de figurer le comportement répétitif de l'animal.

99

Qu'est-ce qui sent du plaisir en nous ? Est-ce la main, est-ce le bras, est-ce la chair, est-ce le sang ? On verra qu'il faut que ce soit quelque chose d'immatériel.

100

Contre le pyrrhonisme.

Nous supposons que tous les conçoivent de même sorte. Mais nous le supposons bien gratuitement, car nous n'en avons aucune preuve. Je vois bien qu'on applique ces mots dans les mêmes occasions, et que toutes les fois que deux hommes voient un corps changer de place, ils expriment tous deux la vue de ce même objet par le même mot, en disant l'un et l'autre qu'il s'est mû, et de cette conformité d'application on tire une puissante conjecture d'une conformité d'idée, mais cela n'est pas absolument convaincant de la dernière conviction quoiqu'il y ait bien à parier pour l'affirmative, puisqu'on sait qu'on tire souvent les mêmes conséquences des suppositions différentes.

Cela suffit pour embrouiller au moins la matière, non que cela éteigne absolument la clarté naturelle qui nous assure de ces choses. Les académiciens auraient gagé, mais cela la ternit et trouble les dogmatistes, à la gloire de la cabale pyrrhonienne qui consiste à cette ambiguïté ambiguë, et dans une certaine obscurité douteuse dont nos doutes ne peuvent ôter toute la clarté ni nos lumières naturelles en chasser toutes les ténèbres.

101

Nous connaissons la vérité non seulement par la raison mais encore par le cœur. C'est de cette dernière sorte que nous connaissons les premiers principes et c'est en vain que le raisonnement, qui n'y a point de part, essaie de les combattre. Les pyrrhoniens, qui n'ont que cela pour objet, y travaillent inutilement. Nous savons que nous ne rêvons point, quelque impuissance où nous soyons de le prouver par raison ; cette impuissance ne conclut autre chose que la faiblesse de notre raison, mais non pas l'incertitude de toutes nos connaissances, comme ils le prétendent. Car la connaissance des premiers principes, comme qu'il y a espace, temps, mouvement, nombres, est aussi ferme qu'aucune de celles que nos raisonnements nous donnent, et c'est sur ces connaissances du cœur et de l'instinct qu'il faut que la raison s'appuie et qu'elle y fonde tout son discours. Le cœur sent qu'il y a trois dimensions dans l'espace et que les nombres sont infinis et la raison démontre ensuite qu'il n'y a point deux nombres carrés dont l'un soit double de l'autre. Les principes se sentent, les propositions se concluent et le tout avec certitude quoique par différentes voies. Et il est aussi inutile et aussi ridicule que la raison demande au cœur des preuves de ses premiers principes pour vouloir y consentir, qu'il serait ridicule que le cœur demandât à la raison un sentiment de toutes les propositions qu'elle démontre pour vouloir les recevoir.

Cette impuissance ne doit donc servir qu'à humilier la raison, qui voudrait juger de tout, mais non pas à combattre notre certitude comme s'il n'y avait que la raison capable de nous instruire. Plût à Dieu que nous n'en eussions au contraire jamais besoin et que nous connussions toutes choses par instinct et par sentiment ! Mais la nature nous a refusé ce bien ; elle ne nous a au contraire donné que très peu de connaissances de cette sorte; toutes les autres ne peuvent être acquises que par raisonnement.

Et c'est pourquoi ceux à qui Dieu a donné la Religion par sentiment du cœur sont bienheureux et bien légitimement persuadés; mais à ceux qui ne l'ont pas, nous ne pouvons la donner que par raisonnement, en attendant que Dieu la leur donne par sentiment de cœur, sans quoi la foi n'est qu'humaine et inutile pour le salut.

102

Je puis bien concevoir un homme sans mains, pieds, tête, car ce n'est que l'expérience qui nous apprend que la tête est plus nécessaire que les pieds. Mais je ne puis concevoir l'homme sans pensée. Ce serait une pierre ou une brute.

103

Instinct et raison, marques de deux natures.

104

Roseau pensant.

Ce n'est point de l'espace que je dois chercher ma dignité, mais c'est du règlement de ma pensée. Je n'aurais point davantage en possédant des terres. Par l'espace, l'univers me comprend et m'engloutit comme un point; par la pensée, je le comprends.

105

La grandeur de l'homme est grande en ce qu'il se connaît misérable ; un arbre ne se connaît pas misérable.

C'est donc être misérable que de se connaître misérable, mais c'est être grand que de connaître qu'on est misérable.

106

Immatérialité de l'âme.

Les philosophes qui ont dompté leurs passions, quelle matière l'a pu faire ?

107

Toutes ces misères-là même prouvent sa grandeur. Ce sont misères de grand seigneur, misères d'un roi dépossédé.

108

La grandeur de l'homme.

La grandeur de l'homme est si visible qu'elle se tire même de sa misère, car ce qui est nature aux animaux nous l'appelons misère en l'homme ; par où nous reconnaissons que sa nature étant aujourd'hui pareille à celle des animaux, il est déchu d'une meilleure nature qui lui était propre autrefois.

Car qui se trouve malheureux de n'être pas roi sinon un roi dépossédé ? Trouvait-on Paul Émile [1] malheureux de

---

1. Consul romain qui a vaincu Persée en 168 av. J.-C (voir la pensée 13).

n'être pas consul ? Au contraire, tout le monde trouvait qu'il était heureux de l'avoir été, parce que sa condition n'était pas de l'être toujours. Mais on trouvait Persée si malheureux de n'être plus roi, parce que sa condition était de l'être toujours, qu'on trouvait étrange de ce qu'il supportait la vie. Qui se trouve malheureux de n'avoir qu'une bouche et qui ne se trouverait malheureux de n'avoir qu'un œil ? On ne s'est peut-être jamais avisé de s'affliger de n'avoir pas trois yeux, mais on est inconsolable de n'en point avoir.

109

Grandeur de l'homme dans sa concupiscence même, d'en avoir su tirer un règlement admirable et en avoir fait un tableau de la charité.

Contrariétés

Contrariétés.

Après avoir montré la bassesse et la grandeur de l'homme.

Que l'homme maintenant s'estime son prix. Qu'il s'aime, car il y a en lui une nature capable de bien ; mais qu'il n'aime pas pour cela les bassesses qui y sont. Qu'il se méprise, parce que cette capacité est vide ; mais qu'il ne méprise pas pour cela cette capacité naturelle. Qu'il se haïsse, qu'il s'aime : il a en lui la capacité de connaître la vérité et d'être heureux ; mais il n'a point de vérité, ou constante, ou satisfaisante.

Je voudrais donc porter l'homme à désirer d'en trouver, à être prêt et dégagé de passions, pour la suivre où il la trouvera, sachant combien sa connaissance s'est obscurcie par les passions ; je voudrais bien qu'il haït en soi la concupiscence qui le détermine d'elle-même, afin qu'elle ne l'aveuglât point pour faire son choix, et qu'elle ne l'arrêtât point quand il aura choisi.

Nous sommes si présomptueux que nous voudrions être connus de toute la terre et même des gens qui viendront quand nous ne serons plus. Et nous sommes si vains que l'estime de cinq ou six personnes qui nous environnent nous amuse et nous contente.

112

Il est dangereux de trop faire croire à l'homme combien il est égal aux bêtes, sans lui montrer sa grandeur. Il est encore dangereux de lui trop faire voir sa grandeur sans sa bassesse. Il est encore plus dangereux de lui laisser ignorer l'un et l'autre, mais il est très avantageux de lui représenter l'un et l'autre.

Il ne faut pas que l'homme croie qu'il est égal aux bêtes, ni aux anges, ni qu'il ignore l'un et l'autre, mais qu'il sache l'un et l'autre.

113

À P. R. [1]
Grandeur et misère.
La misère se concluant de la grandeur et la grandeur de la misère, les uns ont conclu la misère d'autant plus qu'ils en ont pris pour preuve la grandeur, et les autres concluant la grandeur avec d'autant plus de force qu'ils l'ont conclue de la misère même, tout ce que les uns ont pu dire pour montrer la grandeur n'a servi que d'un argument aux autres pour conclure la misère, puisque c'est être d'autant plus misérable qu'on est tombé de plus haut, et les autres au contraire. Ils se sont portés les uns sur les autres, par un cercle sans fin, étant certain qu'à mesure que les hommes ont de lumière, ils trouvent et grandeur et misère en

_____

1. À Port-Royal.

l'homme. En un mot l'homme connaît qu'il est misérable. Il est donc misérable puisqu'il l'est, mais il est bien grand puisqu'il le connaît.

114

Contradiction, mépris de notre être, mourir pour rien, haine de notre être.

115

Contrariétés.
L'homme est naturellement crédule, incrédule, timide, téméraire.

116

Qu'est-ce que nos principes naturels sinon nos principes accoutumés ? Et dans les enfants ceux qu'ils ont reçus de la coutume de leurs pères, comme la chasse dans les animaux.
Une différente coutume en donnera d'autres principes naturels. Cela se voit par expérience. Et s'il y en a d'ineffaçables à la coutume, il y en a aussi de la coutume contre la nature ineffaçables à la nature et à une seconde coutume. Cela dépend de la disposition.

117

Les pères craignent que l'amour naturel des enfants ne s'efface. Quelle est donc cette nature sujette à être effacée ?
La coutume est une seconde nature qui détruit la première. Mais qu'est-ce que nature ? Pourquoi la coutume

n'est-elle pas naturelle ? J'ai grand peur que cette nature ne soit elle-même qu'une première coutume, comme la coutume est une seconde nature.

118

La nature de l'homme se considère en deux manières, l'une selon sa fin, et alors il est grand et incomparable ; l'autre selon la multitude, comme on juge de la nature du cheval et du chien par la multitude, d'y voir[1] la course, *et animum arcendi*[2], et alors l'homme est abject et vil. Et voilà les deux voies qui en font juger diversement et qui font tant disputer les philosophes.

Car l'un nie la supposition de l'autre. L'un dit : « Il n'est point né à cette fin, car toutes ses actions y répugnent. » L'autre dit : « Il s'éloigne de la fin quand il fait ces basses actions. »

119

Deux choses instruisent l'homme de toute sa nature : l'instinct et l'expérience.

120

Métier.

Pensées.

Tout est un, tout est divers.

Que de natures en celle de l'homme ! Que de vacations

---

1. Cela signifie « par le fait d'y voir ».
2. « Instinct d'écarter », c'est l'instinct du chien de garde.

et par quel hasard ! Chacun prend d'ordinaire ce qu'il a ouï estimer.

Talon bien tourné [1].

121

S'il se vante, je l'abaisse ;
s'il s'abaisse, je le vante
et le contredis toujours
jusqu'à ce qu'il comprenne
qu'il est un monstre incompréhensible.

122

Les principales forces des pyrrhoniens, je laisse les moindres, sont que nous n'avons aucune certitude de la vérité de ces principes, hors la foi et la révélation, sinon en ce que nous les sentons naturellement en nous. Or ce sentiment naturel n'est pas une preuve convaincante de leur vérité, puisque, n'y ayant point de certitude hors la foi si l'homme est créé par un dieu bon, par un démon méchant ou à l'aventure, il est en doute si ces principes nous sont donnés ou véritables, ou faux, ou incertains selon notre origine.

De plus que personne n'a d'assurance hors de la foi s'il veille ou s'il dort, vu que durant le sommeil on croit veiller aussi fermement que nous faisons. On croit voir les espaces, les figures, les mouvements, on sent couler le temps, on le mesure, et enfin on agit de même qu'éveillé. De sorte que, la moitié de la vie se passant en sommeil, par notre propre aveu ou quoi qu'il nous en paraisse, nous n'avons aucune

---

1. Allusion au choix d'un métier en fonction de l'admiration qu'il suscite (voir pensée 32).

idée du vrai, tous nos sentiments étant alors des illusions. Qui sait si cette autre moitié de la vie où nous pensons veiller n'est pas un autre sommeil un peu différent du premier, dont nous nous éveillons quand nous pensons dormir ?

[Et qui doute que si on rêvait en compagnie et que par hasard les songes s'accordassent, ce qui est assez ordinaire, et qu'on veillât en solitude, on ne crût les choses renversées ? Enfin, comme on rêve souvent qu'on rêve, entassant un songe sur l'autre, ne se peut-il pas faire que cette moitié de la vie n'est elle-même qu'un songe sur lequel les autres sont entés, dont nous nous éveillons à la mort, pendant lequel nous avons aussi peu les principes du vrai et du bien que pendant le sommeil naturel, ces différentes pensées qui nous y agitent n'étant peut-être que des illusions pareilles à l'écoulement du temps, et aux vains fantômes de nos songes ?]

Voilà les principales forces de part et d'autre, je laisse les moindres comme les discours qu'ont faits les pyrrhoniens contre les impressions de la coutume, de l'éducation, des mœurs des pays, et les autres choses semblables qui, quoiqu'elles entraînent la plus grande partie des hommes communs qui ne dogmatisent que sur ces vains fondements, sont renversées par le moindre souffle des pyrrhoniens. On n'a qu'à voir leurs livres ; si l'on n'en est pas assez persuadé, on le deviendra bien vite et peut-être trop.

Je m'arrête à l'unique fort des dogmatistes [1] qui est qu'en parlant de bonne foi et sincèrement, on ne peut douter des principes naturels.

Contre quoi les pyrrhoniens opposent, en un mot, l'incertitude de notre origine qui enferme celle de notre nature. À quoi les dogmatistes sont encore à répondre depuis que le monde dure.

Voilà la guerre ouverte entre les hommes, où il faut que chacun prenne parti, et se range nécessairement ou au dogmatisme ou au pyrrhonisme. Car qui pensera demeurer

---

1. Les dogmatistes sont les tenants de la puissance de la raison.

neutre sera pyrrhonien par excellence. Cette neutralité est l'essence de la cabale. Qui n'est pas contre eux est excellemment pour eux ; ils ne sont pas pour eux-mêmes ; ils sont neutres et indifférents, suspendus à tout sans s'excepter.

Que fera donc l'homme dans cet état ? Doutera-t-il de tout ? Doutera-t-il s'il veille, si on le pince, si on le brûle ? Doutera-t-il s'il doute ? Doutera-t-il s'il est ? On n'en peut venir là, et je mets en fait qu'il n'y a jamais eu de pyrrhonien effectif parfait. La nature soutient la raison impuissante et l'empêche d'extravaguer jusqu'à ce point.

Dira-t-il donc au contraire qu'il possède certainement la vérité, lui qui, si peu qu'on le pousse, ne peut en montrer aucun titre et est forcé de lâcher prise ?

Quelle chimère est-ce donc que l'homme ? quelle nouveauté, quel monstre, quel chaos, quel sujet de contradictions, quel prodige ? Juge de toutes choses, imbécile ver de terre, dépositaire du vrai, cloaque d'incertitude et d'erreur, gloire et rebut de l'univers.

Qui démêlera cet embrouillement ? [Certainement cela passe le dogmatisme et pyrrhonisme, et toute la philosophie humaine. L'homme passe l'homme. Qu'on accorde donc aux pyrrhoniens ce qu'ils ont tant crié, que la vérité n'est pas de notre portée ni de notre gibier, qu'elle ne demeure pas en terre, qu'elle est domestique du ciel, qu'elle loge dans le sein de Dieu, et que l'on ne la peut connaître qu'à mesure qu'il lui plaît de la révéler. Apprenons donc de la vérité incréée et incarnée notre véritable nature.]

[On ne peut éviter, en cherchant la vérité par la raison, l'une de ces trois sectes.]

[On ne peut être pyrrhonien ni académicien [1] sans étouffer la nature, on ne peut être dogmatiste sans renoncer à la raison.]

---

1. Ce sont les tenants du platonisme, du nom de l'Académie fondée par Platon.

La nature confond les pyrrhoniens et la raison confond les dogmatiques. Que deviendrez-vous donc, ô homme qui cherchez quelle est votre véritable condition par votre raison naturelle ? Vous ne pouvez fuir une de ces sectes ni subsister dans aucune.

Connaissez donc, superbe, quel paradoxe vous êtes à vous-même. Humiliez-vous, raison impuissante ! Taisez-vous, nature imbécile, apprenez que l'homme passe infiniment l'homme et entendez de votre maître votre condition véritable que vous ignorez.

Écoutez Dieu.

Car enfin, si l'homme n'avait jamais été corrompu, il jouirait dans son innocence et de la vérité et de la félicité avec assurance. Et si l'homme n'avait jamais été que corrompu, il n'aurait aucune idée ni de la vérité ni de la béatitude. Mais, malheureux que nous sommes, et plus que s'il n'y avait point de grandeur dans notre condition, nous avons une idée du bonheur et ne pouvons y arriver, nous sentons une image de la vérité et ne possédons que le mensonge, incapables d'ignorer absolument et de savoir certainement, tant il est manifeste que nous avons été dans un degré de perfection dont nous sommes malheureusement déchus.

[Concevons donc que l'homme passe infiniment l'homme et qu'il était inconcevable à soi-même sans le secours de la foi. Car qui ne voit que sans la connaissance de cette double condition de la nature, on était dans une ignorance invincible de la vérité de sa nature ?]

Chose étonnante, cependant, que le mystère le plus éloigné de notre connaissance, qui est celui de la transmission du péché, soit une chose sans laquelle nous ne pouvons avoir aucune connaissance de nous-même !

Car il est sans doute qu'il n'y a rien qui choque plus notre raison que de dire que le péché du premier homme ait rendu coupables ceux qui, étant si éloignés de cette source, semblent incapables d'y participer. Cet écoulement ne nous paraît pas seulement impossible, il nous semble même très injuste : car qu'y a-t-il de plus contraire aux règles de notre misérable justice que de damner éternellement un enfant incapable de volonté pour un péché où il paraît avoir si peu de part qu'il est commis six mille ans avant qu'il fût en être ? Certainement, rien ne nous heurte plus rudement que cette doctrine, et cependant sans ce mystère, le plus incompréhensible de tous, nous sommes incompréhensibles à nous-mêmes. Le nœud de notre condition prend ses replis et ses tours dans cet abîme. De sorte que l'homme est plus inconcevable sans ce mystère que ce mystère n'est inconcevable à l'homme.

[D'où il paraît que Dieu, voulant nous rendre la difficulté de notre être inintelligible à nous-mêmes, en a caché le nœud si haut, ou pour mieux dire si bas, que nous étions bien incapables d'y arriver. De sorte que ce n'est point par les superbes agitations de notre raison, mais par la simple soumission de la raison, que nous pouvons véritablement nous connaître.

[Ces fondements solidement établis sur l'autorité inviolable de la religion nous font connaître qu'il y a deux vérités de foi également constantes : l'une que l'homme dans l'état de la création ou dans celui de la grâce est élevé au-dessus de toute la nature, rendu comme semblable à Dieu et participant de la divinité ; l'autre qu'en l'état de la corruption et du péché, il est déchu de cet état et rendu semblable aux bêtes. Ces deux propositions sont également fermes et certaines.

[L'Écriture nous les déclare manifestement lorsqu'elle dit en quelques lieux : «*deliciae meae esse cum filiis hominum*[1]», «*effundam spiritum meum super omnem carnem*[2]»,

---

1. «Mes délices sont d'être avec les fils des hommes» (Proverbes, VIII, 31).

2. «Je répandrai mon esprit sur toute chair» (Joël, II, 28).

« *dii estis* [1] », etc., et qu'elle dit en d'autres : « *omnis caro foenum* [2] », « *homo assimilatus est jumentis insipientibus et similis factus est illis* [3] », « *dixi in corde meo de filiis hominum* [4] », *eccle* 3.]

---

1. « Vous êtes dieux » (Psaume LXXXI, 6, et Jean, X, 34).

2. « Toute chair est foin » (Isaïe, XL, 6).

3. « L'homme a été comparé aux bêtes sans entendement, et a été fait semblable à elles » (Psaume XLVIII, 13).

4. « J'ai dit en mon cœur des enfants des hommes que Dieu les éprouverait et leur montrerait qu'ils sont semblables aux bêtes » (Ecclésiaste, III, 8).

Divertissement

123

Divertissement.

Si l'homme était heureux, il le serait d'autant plus qu'il serait moins diverti, comme les saints et Dieu.

— Oui; mais n'est-ce pas être heureux que de pouvoir être réjoui par le divertissement?

— Non; car il vient d'ailleurs et de dehors; et ainsi il est dépendant, et partant sujet à être troublé par mille accidents, qui font les afflictions inévitables.

124

Divertissement.

Les hommes n'ayant pu guérir la mort, la misère, l'ignorance, ils se sont avisés, pour se rendre heureux, de n'y point penser.

Nonobstant ces misères il veut être heureux et ne veut être qu'heureux, et ne peut ne vouloir pas l'être.

Mais comment s'y prendra-t-il? Il faudrait pour bien faire qu'il se rendît immortel, mais ne le pouvant il s'est avisé de s'empêcher d'y penser.

125

Je sens que je puis n'avoir point été, car le moi consiste dans ma pensée; donc moi qui pense n'aurais point été, si ma mère eût été tuée avant que j'eusse été animé; donc je ne suis pas un être nécessaire. Je ne suis pas aussi éternel ni infini, mais je vois bien qu'il y a dans la nature un être nécessaire, éternel et infini.

126

Divertissement.

Quand je m'y suis mis quelquefois à considérer les diverses agitations des hommes et les périls et les peines où ils s'exposent dans la cour, dans la guerre, d'où naissent tant de querelles, de passions, d'entreprises hardies et souvent mauvaises, j'ai dit souvent que tout le malheur des hommes vient d'une seule chose, qui est de ne savoir pas demeurer en repos dans une chambre. Un homme qui a assez de bien pour vivre, s'il savait demeurer chez soi avec plaisir, n'en sortirait pas pour aller sur la mer ou au siège d'une place, ou n'achèterait une charge à l'armée si cher que parce qu'on trouverait insupportable de ne bouger de la ville, et on ne recherche les conversations et les divertissements des jeux que parce qu'on ne peut demeurer chez soi avec plaisir.

Mais quand j'ai pensé de plus près et qu'après avoir trouvé la cause de tous nos malheurs, j'ai voulu en découvrir les raisons, j'ai trouvé qu'il y en a une bien effective, qui consiste dans le malheur naturel de notre condition faible et mortelle, et si misérable que rien ne peut nous consoler lorsque nous y pensons de près.

Quelque condition qu'on se figure où l'on assemble tous les biens qui peuvent nous appartenir, la royauté est le plus beau poste du monde, et cependant qu'on s'en imagine[1] accompagné de toutes les satisfactions qui peuvent le toucher. S'il est sans divertissement, et qu'on le laisse considérer et faire réflexion sur ce qu'il est, cette félicité languissante ne le soutiendra point : il tombera par nécessité dans les vues qui le menacent des révoltes qui peuvent arriver et enfin de la mort et des maladies qui sont inévitables, de sorte que s'il est sans ce qu'on appelle divertissement, le voilà malheureux, et plus malheureux que le moindre de ses sujets qui joue et qui se divertit.

De là vient que le jeu et la conversation des femmes, la guerre, les grands emplois sont si recherchés. Ce n'est pas qu'il y ait en effet du bonheur, ni qu'on s'imagine que la vraie béatitude soit d'avoir l'argent qu'on peut gagner au jeu, ou dans le lièvre qu'on court ; on n'en voudrait pas s'il était offert *. Ce n'est pas cet usage mol et paisible et qui nous laisse penser à notre malheureuse condition qu'on recherche ni les dangers de la guerre ni la peine des emplois, mais c'est le tracas qui nous détourne d'y penser et nous divertit.

De là vient que les hommes aiment tant le bruit et le remuement. De là vient que la prison est un supplice si horrible, de là vient que le plaisir de la solitude est une chose incompréhensible. Et c'est enfin le plus grand sujet de félicité de la condition des rois, ce qu'on essaie sans cesse à les divertir et à leur procurer toutes sortes de plaisirs **.

Voilà tout ce que les hommes ont pu inventer pour se rendre heureux ; et ceux qui font sur cela les philosophes et qui croient que le monde est bien peu raisonnable de passer tout le jour à courir après un lièvre qu'ils ne vou-

---

* Raison pour quoi on aime mieux la chasse que la prise.

** Le roi est environné de gens qui ne pensent qu'à divertir le roi et à l'empêcher de penser à lui. Car il est malheureux, tout roi qu'il est, s'il y pense.

1. « Qu'on s'imagine être roi ».

draient pas avoir acheté, ne connaissent guère notre nature. Ce lièvre ne nous garantirait pas de la vue de la mort et des misères qui nous en détournent, mais la chasse nous en garantit*. **Et ainsi quand on leur reproche que ce qu'ils recherchent avec tant d'ardeur ne saurait les satisfaire, s'ils répondaient, comme ils devraient le faire s'ils y pensaient bien, qu'ils ne recherchent en cela qu'une occupation violente et impétueuse qui les détourne de penser à soi, et que c'est pour cela qu'ils se proposent un objet attirant qui les charme et les attire avec ardeur, ils laisseraient leurs adversaires sans repartie ***. Mais ils ne répondent pas cela parce qu'ils ne se connaissent pas eux-mêmes. Ils ne savent pas que ce n'est que la chasse et non pas la prise qu'ils recherchent ****. Ils s'imaginent que s'ils avaient obtenu cette charge, ils s'en reposeraient ensuite avec plaisir et ne sentent pas la nature insatiable de leur cupidité ; ils croient chercher sincèrement le repos, et ne cherchent en effet que l'agitation. Ils ont un instinct secret qui les porte à chercher le divertissement et l'occupation au-dehors, qui vient du ressentiment de leurs misères continuelles. Et ils ont un autre instinct secret qui reste de la grandeur de notre première nature, qui leur fait connaître que le bonheur n'est en effet que dans le repos et non pas dans le tumulte, et de ces deux instincts contraires ils se forment en eux un projet confus qui se cache à leur vue dans le fond de leur âme, qui les porte à tendre au repos par l'agitation, et à se figu-

---

* Le conseil qu'on donnait à Pyrrhus de prendre le repos qu'il allait chercher par tant de fatigues recevait bien des difficultés[1].

** La vanité, le plaisir de la montrer aux autres.

*** La danse, il faut bien penser où l'on mettra ses pieds.

**** Le gentilhomme croit sincèrement que la chasse est un plaisir grand et un plaisir royal, mais son piqueur n'est pas de ce sentiment-là.

1. La remarque est écartée du développement, mais elle n'est pas rayée. D'après le récit de Plutarque puis de Montaigne, Pyrrhus imaginait trouver repos et contentement une fois qu'il aurait conquis le monde ; le conseil donné était de trouver le repos sans passer par ces conquêtes.

rer toujours que la satisfaction qu'ils n'ont point leur arrivera si, en surmontant quelques difficultés qu'ils envisagent, ils peuvent s'ouvrir par là la porte au repos. Ainsi s'écoule toute la vie ; on cherche le repos en combattant quelques obstacles et, si on les a surmontés, le repos devient insupportable, par l'ennui qu'il engendre ; il en faut sortir et mendier le tumulte. Car, ou l'on pense aux misères qu'on a ou à celles qui nous menacent. Et quand on se verrait même assez à l'abri de toutes parts, l'ennui, de son autorité privée, ne laisserait pas de sortir du fond du cœur où il a des racines naturelles, et de remplir l'esprit de son venin.

Ainsi l'homme est si malheureux qu'il s'ennuierait même sans aucune cause d'ennui par l'état propre de sa complexion. Et il est si vain qu'étant plein de mille causes essentielles d'ennui, la moindre chose comme un billard et une balle qu'il pousse suffisent pour le divertir*.

---

* Mais, direz-vous, quel objet a-t-il en tout cela ? Celui de se vanter demain entre ses amis de ce qu'il a mieux joué qu'un autre. Ainsi les autres suent dans leur cabinet pour montrer aux savants qu'ils ont résolu une question d'algèbre qu'on n'aurait pu trouver jusqu'ici, et tant d'autres s'exposent aux derniers périls pour se vanter ensuite d'une place qu'ils auront prise aussi sottement à mon gré. Et enfin les autres se tuent pour remarquer toutes ces choses, non point pour en devenir plus sages, mais seulement pour montrer qu'ils les savent. Et ceux-là sont les plus sots de la bande, puisqu'ils le sont avec connaissance, au lieu qu'on peut penser des autres qu'ils ne le seraient plus s'ils avaient cette connaissance.

Tel homme passe sa vie sans ennui en jouant tous les jours peu de chose. Donnez-lui tous les matins l'argent qu'il peut gagner chaque jour, à la charge qu'il ne joue point, vous le rendez malheureux. On dira peut-être que c'est qu'il recherche l'amusement du jeu et non pas le gain. Faites-le donc jouer pour rien, il ne s'y échauffera point et s'y ennuiera : ce n'est donc pas l'amusement seul qu'il recherche, un amusement languissant et sans passion l'ennuiera. Il faut qu'il s'y échauffe, et qu'il se pipe lui-même en s'imaginant qu'il serait heureux de gagner ce qu'il ne voudrait pas qu'on lui donnât à condition de ne point jouer, afin qu'il se forme un sujet de passion et qu'il excite sur cela son désir, sa colère, sa crainte pour l'objet qu'il s'est formé, comme les enfants qui s'effraient du visage qu'ils ont barbouillé[1].

1. Paragraphe écarté, non rayé.

D'où vient que cet homme qui a perdu depuis peu de mois son fils unique et qui, accablé de procès et de querelles, était ce matin si troublé, n'y pense plus maintenant ? Ne vous en étonnez pas, il est tout occupé à voir par où passera ce sanglier que les chiens poursuivent avec tant d'ardeur depuis six heures : il n'en faut pas davantage. L'homme, quelque plein de tristesse qu'il soit, si on peut gagner sur lui de le faire entrer en quelque divertissement, le voilà heureux pendant ce temps-là ; et l'homme, quelque heureux qu'il soit, s'il n'est diverti et occupé par quelque passion ou quelque amusement qui empêche l'ennui de se répandre, sera bientôt chagrin et malheureux. Sans divertissement, il n'y a point de joie ; avec le divertissement, il n'y a point de tristesse ; et c'est aussi ce qui forme le bonheur des personnes de grande condition qu'ils ont un nombre de personnes qui les divertissent et qu'ils ont le pouvoir de se maintenir en cet état.

Prenez-y garde, qu'est-ce autre chose d'être surintendant, chancelier, premier président, sinon d'être en une condition où l'on a le matin un grand nombre de gens qui viennent de tous côtés pour ne leur laisser pas une heure en la journée où ils puissent penser à eux-mêmes. Et quand ils sont dans la disgrâce et qu'on les renvoie à leurs maisons des champs où ils ne manquent ni de biens ni de domestiques pour les assister dans leurs besoins, ils ne laissent pas d'être misérables et abandonnés parce que personne ne les empêche de songer à eux.

127

Divertissement.

La dignité royale n'est-elle pas assez grande d'elle-même pour celui qui la possède pour le rendre heureux par la seule vue de ce qu'il est ? Faudra-t-il le divertir de cette pensée comme les gens du commun ? Je vois bien que c'est rendre un homme heureux de le divertir de la vue de ses misères domestiques pour remplir toute sa pensée du soin de bien danser, mais en sera-t-il de même d'un roi et sera-t-il plus heureux en s'attachant à ces vains amusements qu'à la vue de sa grandeur ? Et quel objet plus satisfaisant pourrait-on donner à son esprit ? Ne serait-ce donc pas faire tort à sa joie d'occuper son âme à penser à ajuster ses pas à la cadence d'un air ou à placer adroitement une barre, au lieu de le laisser jouir en repos de la contemplation de la gloire majestueuse qui l'environne ? Qu'on en fasse l'épreuve, qu'on laisse un roi tout seul sans aucune satisfaction des sens, sans aucun soin dans l'esprit, sans compagnies, penser à lui tout à loisir, et l'on verra qu'un roi sans divertissement est un homme plein de misères. Aussi on évite cela soigneusement et il ne manque jamais d'y avoir auprès des personnes des rois un grand nombre de gens qui veillent à faire succéder le divertissement à leurs affaires et qui observent tout le temps de leur loisir pour leur fournir des plaisirs et des jeux en sorte qu'il n'y ait point de vide. C'est-à-dire qu'ils sont environnés de personnes qui ont un soin merveilleux de prendre garde que le roi ne soit seul et en état de penser à soi, sachant bien qu'il sera misérable, tout roi qu'il est, s'il y pense.

Je ne parle point en tout cela des rois chrétiens comme chrétiens, mais seulement comme rois.

128

Divertissement.

La mort est plus aisée à supporter sans y penser que la pensée de la mort sans péril.

129

Divertissement.

On charge les hommes dès l'enfance du soin de leur honneur, de leur bien, de leurs amis, et encore du bien et de l'honneur de leurs amis, on les accable d'affaires, de l'apprentissage des langues et d'exercices, et on leur fait entendre qu'ils ne sauraient être heureux sans que leur santé, leur honneur, leur fortune, et celles de leurs amis soient en bon état, et qu'une seule chose qui manque les rendra malheureux. Ainsi on leur donne des charges et des affaires qui les font tracasser dès la pointe du jour.

— Voilà, direz-vous, une étrange manière de les rendre heureux ; que pourrait-on faire de mieux pour les rendre malheureux ?

— Comment ? Ce qu'on pourrait faire ? Il ne faudrait que leur ôter tous ces soins, car alors ils se verraient, ils penseraient à ce qu'ils sont, d'où ils viennent, où ils vont, et ainsi on ne peut trop les occuper et les détourner. Et c'est pourquoi, après leur avoir tant préparé d'affaires, s'ils ont quelque temps de relâche, on leur conseille de l'employer à se divertir, à jouer, et s'occuper toujours tout entiers.

Que le cœur de l'homme est creux et plein d'ordure !

Du tableau

au texte

Seloua Luste Boulbina

Du tableau au texte

Les Ambassadeurs
de Hans Holbein

… les penseurs mettent leur grain de sel dans les affaires du monde…

C'est une tradition, pour les philosophes, de conseiller les princes. Déjà, dans l'Antiquité, Platon s'était rendu auprès de Denys le tyran. À la Renaissance, on doit à Érasme le modèle des traités de civilités. *La Civilité puérile*, publié en 1530, deviendra le manuel de savoir-vivre de la noblesse européenne et sera abondamment copié. Ce traité, il en destinait l'usage « au très noble Henri de Bourgogne, fils d'Adolphe, prince de Veere, jeune enfant de grande espérance ». Lorsque Blaise Pascal, plus d'un siècle plus tard, compose ses *Trois discours sur la condition des Grands*, il les adresse, selon toute probabilité, à Charles-Honoré de Chevreuse, fils du duc de Luynes. Le texte est publié en 1670 dans un *Traité de l'éducation d'un prince*. Éclairer les puissants et (surtout ?) leurs enfants : les lumières philosophiques n'ont d'autre fonction que de se diffuser. Les penseurs ont toujours mis leur grain de sel dans les affaires du monde, qu'elles soient morales, sociales ou politiques. Ce faisant, ils sont aussi passés maîtres dans l'art de portraiturer les hommes. Les moralistes, comme La Bruyère ou La Rochefoucauld, s'en sont fait une spécialité. Ils ont dessiné les détails des conduites de leurs pairs, leurs travers, leurs ressorts, leurs ambitions.

Parmi les peintres, il y a, également, les peintres de cour. Ni peintre de genre (scènes antiques et autres drames religieux) ni peintre de paysage (les ruisseaux, les rivières et l'esprit bucolique), le peintre de cour est attaché, librement, à ceux qu'il représente. Le roi se donne à voir. Quelquefois, la famille royale trône au grand complet. Plus généralement, la tradition est d'immortaliser ceux qui peuvent s'offrir les talents d'artistes de renom, afin que leur visage comme leur nom passent à la postérité. C'est tellement vrai que, comme le fait observer Pascal dans ses *Pensées*, on dit, devant un portrait de César : « c'est César », confondant par là le réel et sa représentation. On peut du reste émettre l'hypothèse que César a fini, peut-être, par s'identifier lui-même à son image. De toute évidence, mieux vaut se voir en reflet qu'en face.

… *il n'y a pas de roi qui ne soit naufragé*…

Le portrait du roi : c'est ainsi que débute le premier des trois discours. Il n'y a pas de roi, dit le philosophe, qui ne soit naufragé. Un roi, c'est quelqu'un qui est pris pour roi. Les Anciens se posaient toujours la question : nature ou convention ? Il est clair qu'on ne peut être roi, ou grand, par nature. Comme la royauté, la grandeur est une convention. Déjà, l'on devine que le portraitiste officiel doit employer toute son ingéniosité à ne pas peindre conventionnellement des personnages de convention. L'artiste, ou le philosophe, par un tour de l'esprit, surpasse ainsi ceux qu'il est supposé encenser. Quel dialogue sera donc celui du génie et de la grandeur, de la nature et de la convention ?

Ce dialogue, Hans Holbein le Jeune l'a découvert avec Érasme. Originaire d'Augsbourg, né en 1497 dans une famille de peintres, l'artiste s'installe à Bâle en 1515. Après qu'il a dessiné sur un exemplaire de l'*Éloge de la folie* d'Érasme, il retient l'attention du philosophe, dont il deviendra l'ami. Son univers est d'abord celui des livres et de l'imprimerie. Il réalise surtout des illustrations, puis des portraits. On lui doit le profil de médaille du philosophe humaniste, penché sur un livre qu'il est en train d'écrire. Parallèlement, il compose des tableaux religieux. Est-ce suffisant pour « réussir » ? Lorsqu'il se rend en France, en 1524, il souhaite que François Iᵉʳ devienne son mécène. Cela ne se réalise pas. Deux ans plus tard, Hans Holbein, muni d'une recommandation d'Érasme, se rend à Londres pour rencontrer, et peindre, l'humaniste anglais Thomas More. Lorsque, quelques années plus tard, il rentre chez lui, sa famille est tout étonnée de le voir vêtu de soie et de velours. Le peintre a réussi : il est devenu « le » portraitiste de l'aristocratie et de la cour en Angleterre.

… un grain de sable modifie le cours des événements…

Hans Holbein a bien l'intention, lorsqu'il part pour Londres, en 1532, de devenir le portraitiste officiel d'Henri VIII, roi d'Angleterre. L'arrivée dans la capitale anglaise, cependant, fut pour le peintre une immense déception. Un grain de sable modifie le cours des événements… Thomas More, en effet, chancelier du royaume d'Angleterre, devait l'introduire auprès d'Henri VIII. Mais le roi voulait épouser, en secondes noces, Anne Boleyn. Or Thomas More s'était opposé au divorce d'Henri VIII (Barbe-Bleue !) avec Catherine d'Aragon. Accusé de haute trahison, le chancelier est jeté dans un cachot de la tour de Londres. Tout n'était pas, pourtant, perdu pour Holbein. Grâce à Nicolas Kratzer, un savant allemand exilé en Angleterre, le peintre rencontre un jeune Français de vingt-neuf ans, Jean de Dinteville, l'envoyé de François Iᵉʳ auprès d'Henri VIII, l'« ambassadeur ». Ce passionné de peinture lui commande une toile montrant, en grandeur réelle, sa magnificence. Il entend l'accrocher dans sa demeure familiale, le château de Polisy. Il invite à poser avec lui son ami de toujours, de quatre ans son cadet, Georges de Selve, évêque de Lavaur depuis l'âge de dix-huit ans — ce qui était exceptionnel — et dont le père avait été l'artisan du traité de Madrid, en 1526. L'œuvre

est peinte en avril-mai 1533. Elle montre deux notables,
riches et puissants, sûrs d'eux-mêmes, avec tous les attri-
buts de leur état. À gauche l'ambassadeur de robe courte,
à droite l'ambassadeur de robe longue : l'alliance de la
noblesse et du clergé.

Les deux hommes ne sont pas les premiers venus. Ils
appartiennent à la fine fleur de la haute société française.
Jean de Dinteville avait fait partie de la suite de François Ier,
au camp du Drap d'or. Son frère, évêque d'Auxerre, est
l'envoyé du roi auprès du Saint-Siège. Peut-être peut-il
intercéder en faveur du roi Henri VIII et permettre son
divorce… Le père de l'ambassadeur, quant à lui, était très
lié à Guillaume Budé, qui « inventera » le Collège royal. Le
seigneur de Polisy est donc, à tous égards, un Grand : il a
de la noblesse et du pouvoir, de la culture et de la richesse,
de l'allure et de l'élégance. C'est lui qui choisit de figurer,
sur la toile, avec tous les emblèmes des sciences et des arts.
Rien ne manque. Toutes les disciplines sont représentées.
Le *trivium* : grammaire, logique, rhétorique, mais aussi
le *quadrivium* : musique, arithmétique, géométrie, astronomie. Jean de Dinteville était un perfectionniste. Il
demanda même à Hans Holbein d'indiquer, sur le globe
terrestre présent dans le tableau, le nom des pays de ses
diverses ambassades ainsi que son lieu de naissance.

… les ambassadeurs ne l'emporteront pas en paradis…

Les deux hommes, très visiblement, ont une haute idée
d'eux-mêmes. Ils peuvent prendre certaines libertés.
Georges de Selve n'est pas un petit dévot. Il choisit d'ex-
poser, sur la toile, un recueil de cantiques ouvert. D'un
côté, on peut lire la première strophe d'un choral de
Luther. De l'autre, le début d'un hymne inspiré des Dix
Commandements. La référence au protestantisme, la religion réformée, est ostentatoire. L'évêque est un catholique
libéral qui considère que les causes de la Réforme sont à
chercher dans les abus de l'Église catholique romaine. Et

il l'affiche. Autant dire que les deux ambassadeurs estiment qu'ils n'ont de comptes à rendre à personne. Rien ne peut les inquiéter.

C'est cette confiance en soi que détruit, radicalement, la peinture de Holbein. C'est cette confiance aveugle en soi-même que déconstruisent les trois discours de Pascal. Que voit-on, en effet, au centre du tableau ? Une forme bizarre, penchée, dont on ne reconnaît pas le dessin. Une forme qui n'appartient pas, de toute évidence, à la scène. Une forme à dire vrai plutôt surnaturelle. Quelle vanité que la peinture, disait Pascal… *Les Ambassadeurs* sont une peinture de vanité. Un *memento mori*. Souviens-toi que tu vas mourir. Les ambassadeurs ne l'emporteront pas en paradis. Quoi ? L'hermine, le velours, la soie, le damas, les dagues, les médailles, les bagues, les bijoux, les couvre-chefs, l'argent, l'or, la terre, les châteaux, les marbres, les verreries et tous les instruments d'astronomie. Voilà pourquoi, selon la formule de Pascal, la philosophie se moque de la philosophie.

… le philosophe s'emploie, comme le peintre, à relativiser le grand monde…

Très jeune, Blaise Pascal fut considéré comme un génie. Ses dons en mathématiques, notamment, qui lui permirent d'inventer la fameuse machine arithmétique, en firent un savant réputé, un philosophe novateur, peu soucieux de l'autorité. L'autorité, qu'est-ce que c'est ? C'est d'abord un devoir, pour celui qui la respecte, de répéter ce qu'on lui a appris : si Aristote l'a dit, personne ne peut le contredire. C'est pourquoi Pascal la conteste. Il montre bien, dans sa préface au *Traité du vide*, que les Anciens ne sont pas des géants mais des nains : les Modernes, en effet, en savent plus qu'eux. La connaissance est un progrès. Si donc l'autorité n'est pas sacrée pour ce qui importe le plus, la vérité, comment pourrait-elle l'être pour ce qui compte le moins : la représentation que les hommes se font d'eux-mêmes ? Il est logique que Pascal critique dans la *grandeur* ce qu'il avait contesté dans l'*autorité*. Ce sont simplement des formes différentes de convention.

En tant que philosophe, Pascal ne pouvait *estimer* les ambassadeurs. Il pouvait, tout au plus, les *respecter*. Le respect, a-t-il écrit, dit : incommodez-vous… Le respect, en vérité, n'est que la mise en forme d'une relation de pouvoir, ou d'un rapport de force. Le philosophe va donc s'employer, comme le peintre, à relativiser le grand monde. L'ambassadeur, comme le roi, est, dans le fond, un imposteur, bien qu'il n'usurpe la place de personne. Le point de vue de Pascal est d'autant plus sévère que ce n'est pas en tant qu'homme d'esprit mais en tant que chrétien qu'il observe les grands de ce monde, ceux qu'il appelle les charnels. La distance du philosophe est également d'autant plus grande que, depuis le lundi 23 novembre 1654, après minuit, il est entré dans une retraite qu'il ne quittera quasiment pas jusqu'à sa mort. Il en a même abandonné les sciences pour ne se consacrer qu'à l'apologie de la religion chrétienne.

Que voit-il ? Il ne voit pas des grands, il voit des hommes, il voit des hommes qui se croient tout permis. Les plus gâtés par la fortune s'imaginent être les meilleurs. Le pouvoir et l'argent, en effet, créent non seulement des possibilités, mais aussi des illusions. Y en a-t-il de plus ancrée que celle qui consiste à différencier les individus en fonction de leur naissance, faisant de certains des nobles, d'autres des roturiers ? N'y a-t-il plus grand hasard que celui-là ? Mais peut-on les différencier en fonction de leur mort ? C'est elle qui égalise. En ôtant les vies, la Grande Faucheuse ôte aussi les inégalités, faisant de chacun un simple être mortel. Tel est le propos du philosophe. Tel est le propos du peintre. Les Grands et les Ambassadeurs sont dans le même cas. Pascal les critique. Holbein les réfléchit. Comment ? Une espèce de montre molle, ou de soucoupe volante, occupe le centre du tableau. Ce n'est pas un détail, c'est une étrangeté. C'est une «inquiétante étrangeté», selon l'expression de Freud. Quel est ce troisième personnage ? Ce tiers inconnu ? Quel est cet objet flottant ? C'est une anamorphose.

Le tableau donne à voir une énigme. Le Sphinx a rendez-vous avec la peinture. Le tableau de Holbein n'est pas seulement beau, il est aussi incroyablement intelligent. Lorsque les artistes européens découvrirent la perspective, ils en jouèrent. Ils composèrent d'habiles trompe-l'œil ou, quelquefois, de strictes anamorphoses. Lorsque l'on compose une perspective, on prend généralement soin d'adopter, comme principe de composition, le point de vue du spectateur. Mais si l'on veut défaire les pièges du regard ordinaire, on peut, tout au contraire, composer son tableau, ou une partie du tableau, en adoptant un autre point de vue. En ce cas, l'image n'est pas identifiable pour celui qui la regarde. On ne peut la voir que d'un autre œil. Au centre des *Ambassadeurs*, un crâne les observe, dans l'attente de leur disparition. Comment l'apercevoir néanmoins ? En regardant le tableau, de face, à travers un tube de verre tenu à bout de bras, incliné vers la gauche. On dit que le peintre a dessiné cette anamorphose à partir du reflet d'un crâne dans un vase de cristal.

… le roi est nu…

De ce point de vue, pour l'œil de l'esprit, non pour l'œil des sens, les grands sont devenus, d'un coup, tout petits. Tout petits, mais respectables… Le roi est nu. On ne peut le reconnaître s'il n'est entouré de tous les signes de la royauté : les gardes, la couronne, le vêtement, la démarche. Tout roi est nu, et tout ambassadeur finira déshabillé : les grandeurs d'établissement, comme dit Pascal, ne sont pas les grandeurs naturelles. La distance des puissants aux génies n'est surpassée que par la distance des génies à ceux que le philosophe nomme les chrétiens parfaits, les hommes de cœur, emplis de charité. De même qu'il y a trois ordres, celui des charnels, celui des spirituels, celui, enfin, des charitables, il y a trois discours qui, chacun, font passer de la convention à la nature, puis de la nature à ce qui la dépasse. Ce sont aussi ces trois dimensions que l'on retrouve dans le tableau de Holbein. Les signes de la grandeur sont multiples. On peut presque sentir l'épaisseur et la richesse des étoffes. Les signes de la science sont également variés, encyclopédiques, car telle est la culture humaniste. La religion, en revanche, se passe de diversité : un crucifix presque caché, l'épingle à chapeau, en forme de tête de mort ; enfin, ce que personne ne peut voir et dont l'invisibilité aveugle, que le peintre aux allures de moine, Holbein le Jeune, a dissimulé au cœur d'un portrait : la marque même de la finitude.

Les lumières ne sont pas, par conséquent, au service de ceux qu'elles servent. Dure leçon que de mettre le monde, et les hommes, en perspective. Renversement du pour et du contre. L'anamorphose subtile du tableau de Holbein est l'analogue de la *pensée de derrière* — ou pensée de l'autre côté — de Pascal. C'est ce qui oriente invisiblement la main qui peint et la main qui écrit. Le philosophe, en effet, s'était, très tôt, penché sur les sections coniques, sur la géométrie descriptive qui est à la base de la composition du peintre. Pascal était très au fait des questions de perspective. C'est au XVIIe siècle que celle-ci commence à être enseignée à l'Académie, à Paris. Abraham Bosse, un protestant, l'introduit et l'enseigne. Ni la peinture ni la philosophie ne sont indépendantes des faits religieux. Le second ambassadeur, Georges de Selve, a composé des remontrances aux Allemands, c'est-à-dire aux chrétiens réformés. Dans ce texte, il écrit que c'est en ôtant la paille de l'œil du voisin que les catholiques pourront jeter hors de leur œil la poutre, c'est-à-dire, dit-il, le vice le plus notoire et le plus palpable. Comme Georges de Selve, Blaise Pascal n'est pas, un siècle plus tard, un catholique sans conviction. Il l'a suffisamment montré dans ses *Provinciales*. Il est, comme ses amis de Port-Royal, janséniste.

Nul besoin, pourtant, de ferveur religieuse pour aiguiser la vision. Hans Holbein a travaillé et pour les catholiques, et pour les protestants. Il est, comme son ami

Érasme, assez réservé sur le sujet. Il est plus mondain que mystique. À l'inverse, Blaise Pascal est bien plus mystique que mondain. L'artiste tend un miroir : objet de vanité par excellence. Le philosophe, quant à lui, en tire, dans ses *Trois discours*, toutes les conséquences. Pour que l'ordre social ne soit pas absolument injuste, il faut, au moins, que ceux qui en sont les bénéficiaires règlent leur conduite, sans excès ni abus (de position dominante). Ils sont des maîtres de concupiscence, des spécialistes de la satisfaction, variée, de désirs débridés. Oui mais ils ne sont que cela et n'ont pas l'intelligence de leur propre comportement. C'est cette pédagogie que dispense le philosophe, visant plus la hauteur des Grands que la grandeur elle-même. Ne pouvant faire, en effet, que la justice soit forte, on fit que la force soit juste… L'ordre du monde est ainsi sauvé.

Le texte

en perspective

Katia Genel

Les mots du texte

Condition, divertissement, respect, justice

PASCAL ESQUISSE, dans les *Trois discours sur la condition des Grands* et dans les *Pensées* sélectionnées, une réflexion politique, fondée sur une anthropologie originale. La condition de l'homme est celle d'un être de désir qui a perdu sa nature et doit se livrer au divertissement pour combler son manque d'être. Son désir le porte à rechercher des biens matériels, mais aussi du respect et de l'estime de la part de ses semblables, pour se donner de l'être. L'ordre social et politique est fondé sur cette demande d'estime. La réflexion politique de Pascal est soucieuse de l'ordre établi et de la manière dont les rapports justes entre les hommes peuvent être institués à partir d'une conversion des rapports de force, rendue possible par l'imagination. Si Pascal relativise l'ordre établi et ses grandeurs en le mesurant à l'ordre de la foi, il est toutefois très attentif aux mécanismes propres de l'ordre politique, émergeant à partir de la concupiscence.

1.

Condition

1. *Les deux natures*

Au XVII⁰ siècle, on s'interroge sur la nature humaine, c'est-à-dire sur l'essence de l'homme et ce qui lui est

propre, la raison ou les passions. Pascal parle plutôt de
« condition » de l'homme ou d'« état », c'est-à-dire de la
situation de l'homme dans le monde. Il entend corriger
la double insuffisance de deux positions : celle qui iden-
tifie l'homme à sa raison, et celle qui le rapproche des
bêtes. La « contrariété » de la condition humaine qui
apparaît s'éclaire à la lumière du fondement théologique de l'anthropologie pascalienne : la théorie des
deux natures de l'homme. L'état d'innocence originelle,
grandeur passée de l'homme, a été corrompu avec le
péché. La seconde nature, frappée de misère, a gardé
trace de la première. Le passage entre les deux natures
consiste en une inversion : l'homme était dépendant de
Dieu et subordonnait sa volonté aux commandements
divins. Après la chute, la volonté de l'homme fait retour
sur lui-même et ses désirs portent sur les biens extérieurs.
L'homme aimait un être infini et s'aimait d'un amour
fini ; il devient lui-même l'objet de son amour infini.
Cette substitution le voue à l'insatisfaction, en le condam-
nant aux désirs de biens et d'estime, recherchés par
amour-propre, vains efforts pour combler son manque. La
condition naturelle de l'homme étant perdue, son propre
est dès lors de n'avoir pas de nature : « La grandeur de
l'homme est si visible qu'elle se tire même de sa misère,
car ce qui est nature aux animaux nous l'appelons misère
en l'homme ; par où nous reconnaissons que sa nature
étant aujourd'hui pareille à celle des animaux, il est
déchu d'une meilleure nature qui lui était propre autrefois » (fragment 108).

Si l'homme a désormais la bassesse des animaux, il a
conservé, par la puissance de sa pensée, la capacité de
connaître. Il est précisément grand en ce qu'il se connaît
misérable, et il doit connaître les deux dimensions qui
le constituent : « Il ne faut pas que l'homme croie qu'il
est égal aux bêtes, ni aux anges, ni qu'il ignore l'un et
l'autre, mais qu'il sache l'un et l'autre » (112). Il doit
comprendre en somme « quel paradoxe » il est à lui-même,
savoir qu'il est un « monstre incompréhensible » (122).

La raison est impuissante à fournir cette connaissance. Il faut humilier la raison et écouter Dieu. C'est paradoxalement le péché originel, ce mystère incompréhensible et injuste, qui donne la clé de l'homme : « Concevons donc que l'homme passe infiniment l'homme et qu'il était inconcevable à soi-même sans le secours de la foi » (122). Ce mystère délivre une connaissance négative, car il fait voir la liberté de l'homme qui l'a rendu misérable par orgueil ; sa nature a été corrompue par sa propre faute. L'homme voit le bien et fait le mal, il contient en lui le mal originel. Cette vérité sur lui-même, donnée par le cœur, doit l'orienter dans sa conduite. Elle ne saurait lui restituer un accès à la vérité, mais la connaissance de sa condition doit lui servir « à régler sa vie » (68).

2. *Condition humaine et condition sociale*

Après la chute, un autre système de grandeur s'est substitué à la grandeur passée. C'est dans ce cadre que l'on peut comprendre la condition sociale. Elle marque la seconde nature de l'homme, la coutume qui a remplacé la nature perdue. « Que de natures en celle de l'homme ! » (120), écrit Pascal. Michel de Montaigne (1533-1592) parlait du mystère de l'homme, cet être ondoyant et divers dont il est impossible de cerner la nature de manière définitive ; Pascal reprend ces propos sur l'homme pour illustrer l'absence de sa nature véritable. L'homme est « mouvement perpétuel » (52) dans cette seconde nature parce que quelque chose a été perdu et qu'il le cherche dans toutes les directions et dans tous les objets. La plasticité de la condition de l'homme dans l'ordre de la coutume devient la diversité des conditions, au sens où l'on parle d'un « homme de condition », c'est-à-dire la diversité des places dans la hiérarchie mondaine. Les conditions et métiers, qui constituent l'ordre de l'établissement, sont des grandeurs de substitution. Elles sont fondées sur l'imagination et confèrent des biens et du pouvoir. À la différence de la grandeur conférée par la condition sociale, la grandeur naturelle désigne les qualités de vertu et d'esprit, indépendantes de l'établissement humain. La connaissance de notre condition se déploie dans les trois ordres de la chair, de l'esprit et de la charité, dont les figures sont respectivement Alexandre, Archimède et Jésus. On peut considérer que Pascal a ouvert toute une tradition dite « existentialiste », récusant l'idée d'une nature de l'homme fixée d'avance, et soulignant l'instabilité de la condition dans laquelle l'homme « se trouve ».

2.

Divertissement

1. *Désir et divertissement*

L'homme est un être de désir tendu vers des objets dont il espère une satisfaction. La problématique du désir est liée à celle de la nature corrompue d'après la chute, où le désir se réoriente vers le moi et les biens finis. L'homme s'efforce de fuir sa condition par le divertissement, ce qui signifie qu'il se laisse entraîner dans le mouvement perpétuel du désir et de la concupiscence (« ennui, inquiétude, inconstance »). Ne pouvant trouver le repos en lui-même, il s'efforce de se détourner de la réflexion sur sa condition : le divertissement permet de « n'y point penser » (124). Le divertissement est ainsi marqué par une double impossibilité : l'impossibilité d'échapper au divertissement et l'impossibilité d'être heureux par le divertissement. On ne saurait rester en repos dans une chambre ni se tenir au temps présent, mais le divertissement par lequel on se fuit est vain et ne conduit qu'à mille afflictions inévitables. Le divertissement, inhérent à la condition humaine, est recherché pour lui-même, ce qui rend la tension nécessaire et perpétuelle. Les hommes peuvent ainsi « passer tout le jour à courir après un lièvre qu'ils ne voudraient pas avoir acheté » (126), et si l'on donnait de l'argent au joueur, il n'en voudrait pas. « Raison pour quoi on aime mieux la chasse que la prise » (126), résume Pascal en marge d'une pensée. Les occupations qui constituent le divertissement sont le jeu, la conversation des femmes, la guerre ou les grands emplois. Les grandeurs d'établissement, qui procurent des charges, sont donc aussi des formes de divertissement, de même que les activités scientifiques et spéculatives, qui ne manquent pas d'être prises dans la recherche d'estime et d'honneurs. Pascal propose une typologie des savants, dans laquelle ceux qui pratiquent les sciences « non point pour en devenir plus sages, mais seulement pour montrer qu'ils les savent », sont les plus sots, puisqu'ils le sont « avec connaissance » (126).

Le divertissement est pratiqué sérieusement si l'on peut dire. Les hommes croient sincèrement chercher la prise et non la chasse, le repos et non l'agitation, mais ils ne se connaissent pas. Il en résulte le « projet confus » qu'ils ont de « tendre au repos par l'agitation ». Le désir est donc bien la marque de notre nature corrompue, et l'impulsion qui nous porte vers les activités déraisonnables du divertissement, qui trouvent pourtant leur raison d'être.

2. *La politique : le divertissement des Grands ?*

La politique est inscrite sous le signe du désir et du divertissement.

D'abord, le désir, ou *conatus*, est bien le moteur des actions humaines et des relations entre les hommes, pour Pascal comme pour Thomas Hobbes (1588-1679) ou Baruch Spinoza (1632-1677). Plus précisément, c'est la concupiscence qui attache les hommes au prince et fonde la sphère politique. De ce point de vue, Pascal prolonge l'analyse proposée par saint Augustin (354-430) de la cité terrestre. Le désir constitue un véritable lien assujettissant, puisque les Grands sont les possesseurs des objets de la concupiscence.

Ensuite, si la « royauté est le plus beau poste du monde » (126), c'est que la fonction royale est de manière privilégiée celle du divertissement : le roi est celui qui est diverti par le plus grand nombre de personnes et qui a la puissance de procurer le divertissement. La dignité royale ne saurait suffire par elle-même à rendre heureux, comme le montre l'expérience de pensée du « roi sans divertissement ». Le roi est environné « de personnes qui ont un soin merveilleux de prendre garde que le roi ne soit seul et en état de penser à soi, sachant bien qu'il sera misérable, tout roi qu'il est, s'il y pense » (127). Un roi sans divertissement, sans les occupations propres à cet ordre qui remplit le vide de sa condition, n'est qu'un homme misérable, malheureux, s'efforçant de se détourner de sa misère. La fonction royale rejoint donc la condition humaine, dont elle est la métaphore à plusieurs reprises dans les *Pensées*. La grandeur passée de l'homme est qualifiée métaphoriquement de condition royale : l'homme est un roi dépossédé, ayant des « misères de grand seigneur » (107).

Ainsi, le divertissement, qui constitue « tout ce que les hommes ont pu inventer pour se rendre heureux » (126), produit un ordre de substitution nécessaire, du fait de la contrariété de la condition humaine. Même si cet ordre déraisonnable est devenu raisonnable, il faut se détourner de cette mobilité, et se tourner vers l'ordre supérieur de la foi et de l'amour de Dieu. C'est seulement dans cet ordre, selon Pascal, que le désir peut être comblé par un objet infini et immuable.

3.

Respect

L e respect est le sentiment de déférence à l'égard de personnes auxquelles on reconnaît une certaine supériorité, la considération imposée par la valeur d'une personne. Il prend deux formes : une appréciation intérieure et morale, que Pascal appelle l'estime dans les *Trois discours sur la condition des Grands*, et une marque extérieure de soumission à une grandeur supérieure dans l'ordre social, appelée le respect. Dans d'autres textes de Pascal, l'estime a le sens plus général de considération.

Lorsqu'elle concerne la « condition » de l'homme, l'évaluation de la grandeur de l'homme est double car elle est liée à sa misère. Pour «que l'homme maintenant s'estime son prix » (110), comme Pascal l'y engage, pour qu'il s'aime et se méprise, il faut mettre en œuvre deux pensées qui corrigent son appréciation, l'une qui l'élève lorsqu'il s'abaisse, et l'autre qui l'abaisse s'il se vante.

1. *Le désir d'estime*

Le désir d'estime, au sens large de la considération, est inhérent à la condition humaine et, dans le cadre de la nature corrompue, il prend la forme d'un désir de reconnaissance des qualités matérielles, sociales et spirituelles. Le désir de grandeur après la chute est un reste du désir de Dieu lorsqu'il reflue sur le moi et sur les biens finis. Le désir d'être considéré engendre une aliénation de l'homme aux choses extérieures et aux opinions d'autrui, comme le montrent deux citations des *Pensées* : «Nous avons une si grande idée de l'âme de l'homme que nous ne pouvons souffrir d'en être méprisés, et de n'être pas dans l'estime d'une âme. Et toute la félicité des hommes consiste dans cette estime » (390) ; « Il estime si grande la raison de l'homme que, quelque avantage qu'il ait sur la terre, s'il n'est placé avantageusement aussi dans la raison de l'homme, il n'est pas content. C'est la plus belle place du monde, rien ne le peut détourner de ce désir, et c'est la qualité la plus ineffaçable du cœur de l'homme » (435). Le désir d'estime est une composante essentielle du lien social, qu'il faut replacer dans le cadre de la « vanité » inhérente à la condition humaine. Nous voudrions être connus du monde entier, mais « nous sommes si vains que l'estime de cinq ou six personnes qui nous environnent nous amuse et nous contente » (111). De même, nous ne nous soucions pas d'être estimé quand nous passons dans une ville, mais si nous y restons « peu de temps », cela nous importe : « Combien de temps faut-il ? Un temps proportionné à notre durée vaine et chétive » (29). Il y a là une reprise de la thématique classique de la vaine recherche des honneurs, qui ne dépendent pas de nous et sont inconsistants. Toutefois, malgré cette vanité, et parce qu'elle est prise au sérieux par les hommes eux-mêmes, il faut considérer de plus près cette recherche d'estime et les signes qui la confèrent pour comprendre l'ordre social et politique.

2. *Le respect et ses signes dans l'ordre social*

La demande d'estime est un facteur de conflit qui explique les comportements de domination entre les hommes, toujours tentés d'extorquer injustement la considération de leurs semblables. Il faut par conséquent contenir l'exigence tyrannique d'obtenir des respects indus. Si le désir d'être considéré induit des comportements tyranniques et met les hommes en concurrence, c'est par le respect que l'on peut stabiliser les rapports de force. C'est pourquoi le respect a un rôle crucial chez Pascal : il est le modèle du lien social, plutôt que l'amitié (comme chez Aristote) ou la pitié (comme chez Rousseau), et permet de définir des rapports de justice entre les hommes.

Le respect a d'abord le sens de la force : tenir en respect, c'est tenir à distance par la force. Mais dans l'ordre social le respect est un ensemble de marques corporelles par lesquelles on se cause du désagrément (« Incommodez-vous ») pour rendre visible le pouvoir (il faut être à genoux plutôt qu'en fauteuil pour distinguer les grandeurs respectées). Il est à la fois le signe du pouvoir, ce qui le rend visible, et ce qui le produit matériellement. D'autre part, parce qu'il permet de discipliner les corps, de faire « ployer la machine », il entraîne la soumission de l'esprit. Il renforce l'assujettissement.

Le respect garantit la stabilité de l'ordre social car il permet de transcrire la force en signes, en donnant l'impression d'une force naturelle, et de contenir le désir de puissance et de biens. Il opère la conversion de la violence en civilité et met fin à la concurrence générale, qui susciterait du désordre si le critère n'était pas la naissance mais le mérite. Les guerres civiles ne manqueront pas « si on veut récompenser les mérites, car tous diront qu'ils méritent » ; alors que « le mal à craindre d'un sot qui succède par droit de naissance n'est ni si grand, ni si sûr » (87). Le respect permet de constituer un ordre à partir de la demande d'estime et de considération, de le stabiliser par des règles précises. Il évite les injustices et contient la tyrannie dans le cadre de l'État et des lois. La justice consiste à attacher certains respects aux rangs sociaux, et l'estime aux grandeurs naturelles.

L'importance du respect comme moteur de l'ordre social a été marquée dans la philosophie politique de Montesquieu (1689-1755). Si la monarchie suppose « des prééminences, des rangs, et même une noblesse d'origine », la nature de l'honneur est « de demander des préférences et des distinctions » (*De l'esprit des lois*, livre III, chap. 7), de sorte qu'il est le principe de la monarchie, comme la crainte est celui de la tyrannie et la vertu celui de la démocratie.

L'importance du respect ou de l'estime sociale ne se limite pas aux sociétés monarchiques, comme le montrent les analyses d'Alexis de Tocqueville (1805-1859), qui prennent acte du processus d'individualisation et permettent de saisir le passage entre les sociétés hiérarchisées et les démocraties. On observe le dépassement de la logique différenciante de l'honneur (analysée dans *De la démocratie en Amérique*, au chapitre 18), qui reconnaît une identité à l'individu par sa position dans la société, par la logique universalisante de la dignité, qui se fonde sur l'égalité des droits et des devoirs des citoyens. La problématique de l'honneur ne disparaît donc pas : les lecteurs contemporains (Honneth, Walzer ou Taylor) ont vu dans la question de l'estime sociale la persistance de la question de l'honneur au sein des sociétés égalitaires. L'estime sociale n'est plus la valeur accordée à des propriétés typiques d'un groupe ou d'une classe, mais s'appuie sur les prestations et les compétences des individus eux-mêmes.

3. *Le respect intérieur*

Dans les *Trois discours sur la condition des Grands*, Pascal appelle « estime » le respect intérieur. L'estime marque la supériorité de celui qui fait preuve des qualités de l'esprit et de la vertu, qui trouve la solution d'un problème ou réalise une invention. L'estime demeure invisible dans l'ordre des signes, elle est une reconnaissance intellectuelle. Elle est à son tour relativisée par la grandeur de la sagesse dans l'ordre de la charité.

Le respect dans sa dimension morale est au cœur de la philosophie pratique d'Emmanuel Kant (1724-1804) : c'est le tribut que nous ne pouvons refuser au mérite. Le respect n'est pas un sentiment reçu passivement, mais il est spontanément produit par un concept de la raison et nous détermine à agir. Dans le respect s'exprime la conscience de la subordination de notre volonté à la loi. Paul Ricœur (1913-2005) critique la morale du devoir élaborée par Kant, dans laquelle l'accent est mis sur le respect pour la loi au détriment du respect pour la personne, et de l'at-

tention à sa singularité. La «sagesse pratique» qu'il définit engage à corriger le formalisme kantien par le souci
éthique de la personne.

4.

Justice

1. *Justice et coutume*

L'ordre devient juste une fois institué : «Sur quoi fondera-t-il l'économie du monde qu'il veut gouverner ?
Sera-ce sur le caprice de chaque particulier ? Quelle confusion ! Sera-ce sur la justice ? Il l'ignore. Certainement s'il
la connaissait il n'aurait pas établi cette maxime, la plus
générale de toutes celles qui sont parmi les hommes, que
chacun suive les mœurs de son pays. L'éclat de la véritable
équité aurait assujetti tous les peuples » (56). Il s'agit d'une
pensée de la justice par défaut, en l'absence de connaissance possible de la loi naturelle dans l'ordre postérieur à
la chute. « *Veri juris*, nous n'en avons plus » (79), nous
n'avons plus de vrai droit. Dans les *Provinciales*, Pascal mentionne des vérités délivrées par la loi naturelle, mais la justice véritable demeure absente : on ne sait que ce qui est
injuste. Si la loi naturelle était connue, la distribution de
la violence et de la justice serait visible. Or c'est la diversité des conceptions de la justice qui prévaut, exemplifiée
par la célèbre formule «Vérité au-deçà des Pyrénées,
erreur au-delà ».

La relativité de la justice renvoie à la «fantaisie» ou à
l'imagination des législateurs, au «caprice des hommes»
qui est «si diversifié». La relativité factuelle engendre une
confusion à laquelle il faut remédier. C'est pourquoi dans
l'ordre de l'établissement, il est raisonnable de suivre ce
qui n'est pas fondé en raison. En l'absence de norme du
juste, il faudra suivre les lois et les coutumes de son pays,
comme le défendent Michel de Montaigne (1533-1592) et

René Descartes (1596-1650). La justice de l'ordre établi requiert l'oubli de son origine contingente. Tel est le cercle de l'autorité des lois fondées sur la coutume : « La coutume fait toute l'équité, par cette seule raison qu'elle est reçue. C'est le fondement mystique de son autorité. Qui la ramènera à son principe l'anéantit » (56). On ne peut s'interroger sur la légitimité en dernière instance de l'ordre établi sans annuler les effets de la justice.

2. *Justice et force*

Quelle légitimité peut bien avoir l'ordre politique qui émerge de ce consentement factuel à ce qui est ? Pour comprendre cela, il faut examiner la genèse originale de l'État et des lois à partir de la force. Car la justice de l'ordre établi selon Pascal doit se comprendre comme conversion de la force : la justice est une force justifiée, c'est-à-dire rendue juste.

La force et la justice appartiennent à deux ordres différents. La force est physique, la justice est une qualité spirituelle. La force est ce qui se manifeste dans ses effets, elle s'impose nécessairement et se reconnaît immédiatement. La justice est un discours sujet à dispute, impuissant et indiscernable ; elle est avec la vérité l'une des « deux pointes si subtiles que nos instruments sont trop mousses pour y toucher exactement » (41). La symétrie des deux ordres est déplacée au cours du célèbre fragment 94, au profit de la force : « Et ainsi ne pouvant faire que ce qui est juste fût fort, on a fait que ce qui est fort fût juste. » Lorsqu'il faut les « mettre ensemble », là où l'on s'attendrait à la nécessité de donner force à la justice, il faut comprendre la justice comme la légitimation d'un rapport de force, sa conversion dans l'ordre stable des signes et de l'imagination. La force devient un pouvoir en tenant le discours de la justice ; la justice trouve là le point fixe qui lui permet d'être indiscutable. Il y a une dimension performative dans cette opération : on a *fait* que ce qui est fort fût juste. Le constat devient une prescription. Ce n'est plus une nécessité, mais un devoir que de suivre la force justi-fiée. C'est précisément ce «droit de l'épée» que critique Rousseau (1712-1778), car il le considère comme une confusion entre l'ordre de la force et l'ordre du droit. Pascal défend de son côté la nécessité de produire la croyance collective au pouvoir et d'instaurer un ordre juste et hié-rarchisé entre les hommes, pour stabiliser la force et conte-nir le désir de domination.

3. *La justice selon les ordres*

La notion de justice renvoie dès lors à la convenance : il s'agit de rendre à chaque ordre ce qui lui est dû. Elle s'oppose à l'injustice ou encore à la tyrannie, qui «consiste au désir de domination universel et hors de son ordre» : «La tyrannie est de vouloir avoir par une voie ce qu'on ne peut avoir que par une autre» (54). Il faut rendre les devoirs appropriés aux mérites, l'amour à l'agrément, la crainte à la force, la créance à la science. Il est injuste d'en demander d'autres («Je suis beau, donc on doit me craindre ; je suis fort, donc on doit m'aimer»). L'injustice consiste à extorquer des qualités et des respects.

Il faut alors appliquer cette notion de justice au juste dis-cours lui-même : il est impuissant à fédérer les hommes dans l'ordre politique. «La violence et la vérité ne peuvent rien l'une sur l'autre», précise Pascal interpellant les pères jésuites dans la douzième *Provinciale*. «Qu'on ne prétende pas de là néanmoins que les choses soient égales : car il y a cette extrême différence, que la violence n'a qu'un cours borné par l'ordre de Dieu, qui en conduit les effets à la gloire de la vérité qu'elle attaque ; au lieu que la vérité subsiste éternellement, et triomphe enfin de ses ennemis, parce qu'elle est éternelle et puissante comme Dieu même.» Si les règles d'un ordre ne produisent aucun effet dans les autres, la supériorité de la justice demeure.

Pour prolonger la réflexion

Sur la condition et le désir :

Le désir constitutif de l'homme est au cœur de l'ordre social et politique. On pourra lire le passage que saint AUGUSTIN, dans *La Cité de Dieu* (Seuil, 1994), consacre aux deux cités, terrestre et céleste (II, livre 19, chap. 14). Saint Augustin analyse les rapports entre le désir ou *libido* et la volonté, avant et après le péché originel. L'importance du désir dans l'ordre social est également mise au jour, de manière différente, par Baruch SPINOZA dans l'*Éthique* (Folio essais n° 235), notamment au livre III consacré aux passions, et par Thomas HOBBES, dans le chapitre 6 du premier livre du *Léviathan* (Folio essais n° 375), ainsi qu'au chapitre 13 consacré à l'état de nature.

Sur le respect :

Le respect est analysé par Emmanuel KANT dans «L'analytique de la raison pure pratique», première partie de la *Critique de la raison pratique* (Folio essais n° 133), au chapitre III consacré aux mobiles de la raison pure pratique. Le respect pour une personne est respect pour la loi dont cette personne donne l'exemple. Or c'est ce primat de la loi que critique Paul RICŒUR, dans les études regroupées sous le titre *Soi-même comme un autre* (Seuil, 1990). L'étude «Le soi et la sagesse pratique : la conviction» procède à une révision du formalisme kantien, puisqu'une morale de l'obligation engendre des conflits qui doivent être corrigés par un jugement en situation.

Sur la justice :

Il faut comparer la position de Pascal dans les *Pensées* avec celle de MONTAIGNE dans les *Essais*, notamment le chapitre intitulé «L'apologie de Raymond Sebond» (Folio essais n° 290). Le prétendu «droit du plus fort» est analysé par ROUSSEAU dans *Du contrat social*, I, 3 (Folio essais n° 233). Pour une étude complète de la notion de justice dans la pensée politique de Pascal, il faut lire l'ouvrage de Christian LAZZERI, *Force et justice dans la politique de Pascal* (PUF, 1993).

L'œuvre dans l'histoire des idées

PASCAL N'A PAS FONDÉ DE SYSTÈME, son œuvre majeure est fragmentaire par nécessité. Il n'y a pas de philosophie politique à proprement parler dans ses textes, mais une réflexion sur la justice et la politique, dont l'originalité tient dans l'articulation des dimensions anthropologique, politique et théologique.

La pensée politique de Pascal se constitue dans un dialogue avec la tradition chrétienne des Pères de l'Église, et en particulier saint Augustin. Son enjeu majeur apparaît notamment dans sa confrontation avec les penseurs du droit naturel. La politique pascalienne, enracinée dans une anthropologie théologique, permet-elle de penser la constitution de l'État sans poser de droits naturels ni de contrat ? On se demandera quelle est l'actualité de sa réflexion sur l'ordre social et politique, et quels usages en sont possibles, en explorant notamment le champ de la philosophie et de la sociologie contemporaines.

1.

L'anthropologie théologique

1. *Les deux cités*

La pensée politique de Pascal s'alimente à la tradition chrétienne, puisqu'elle fonde l'ordre sociopolitique sur une anthropologie de l'homme d'après la chute. Les deux idées contradictoires qu'il faut tenir ensemble, la grandeur de l'homme, que le stoïcisme prétend réaliser par les seules forces de l'homme, et la misère de l'homme tel qu'il est, dont Montaigne entend s'accommoder, position d'orgueil et position de paresse, sont en réalité deux moments compréhensibles seulement dans la perspective chrétienne. L'homme est grand avant la chute, mais il est misérable sans Dieu. Son salut dépend de la grâce de Dieu.

Ce fondement théologique de l'anthropologie est partagé par saint Augustin. Dans *La Cité de Dieu*, saint Augustin considère l'amour-propre comme le fondement du politique. Il procède à une distinction entre la Cité temporelle ou terrestre et la Cité spirituelle ou céleste, la seconde étant le modèle de la première. Les deux cités sont inversées : « Deux amours ont donc bâti deux cités : l'amour de soi jusqu'au mépris de Dieu, la cité de la terre ; l'amour de Dieu jusqu'au mépris de soi, la cité de Dieu. L'une se glorifie en soi, et l'autre dans le seigneur » (*La Cité de Dieu*, XIV, 28). L'une est fondée sur le mode de vie concupiscent, l'autre unit les citoyens dans la charité. La paix est le souverain bien, elle est éternelle et parfaite dans la Cité de Dieu à laquelle les sujets aspirent, mais il faut l'accomplir dans l'ordre terrestre en l'absence de justice véritable, à travers l'usage de la raison et l'obéissance à la loi. Cela explique le fait de la domination de l'homme sur l'homme.

2. *La nécessité de la domination*

Saint Augustin éclaire le fait de la domination en référence à l'histoire biblique qui enseigne la manière dont l'orgueil d'Adam l'a conduit au péché et a initié la servitude de l'homme. La cause de la corruption d'Adam est sa désobéissance et non sa chair ; mais il en résulte un conflit entre la volonté et la *libido* dans la nature corrompue. L'impuissance de la volonté de l'homme rend désormais possible la tentation de la chair : elle l'empêche de faire le bien qu'il veut et le conduit à commettre le mal qu'il ne veut pas. La coercition est donc nécessaire dans l'ordre temporel : les hommes doivent subir un pouvoir pour être capables de bien vouloir. L'ordre politique, dans son imperfection et son absence de rationalité, est la punition de la corruption des hommes, dont la nature déraisonnable requiert qu'ils soient soumis à la force. On retrouve chez Pascal la dualité des deux ordres et l'enracinement de la politique dans la corruption par le péché. Pascal porte son attention sur les effets propres de la concupiscence dans l'ordre politique, même si cet ordre est incommensurable à celui de la charité.

2.

Pascal et la critique du droit naturel

L a réflexion pascalienne sur la genèse de l'État et du pouvoir politique ne s'appuie pas sur un individu doté d'un droit naturel et craignant la mort, mais sur un homme déchu dont la nature corrompue le fait rechercher infiniment les biens et l'estime. Elle ne constitue pas une philosophie politique, mais elle rompt par ses présupposés avec la philosophie classique du contrat et les penseurs du droit naturel comme Thomas Hobbes (1588-1679) ou Grotius (1583-1645). Elle produit une conception différente de la légitimité de l'État et des marges de liberté des dominés.

1. *La genèse de l'ordre politique*

Chez Hobbes, la fiction de l'état de nature, qui vise à mettre en évidence la nécessité de la puissance souveraine, engage à « considérer les hommes comme sortis subitement de terre, déjà adultes, à la manière des champignons, sans aucune obligation de l'un envers l'autre » (*Du citoyen*, VIII, 1). L'état de nature n'est pas une situation empirique ; il désigne l'absence de toute institution politique et juridique. Dans cet état, l'homme possède un droit naturel, défini comme « la liberté que chacun a d'user de sa propre puissance, comme il le veut lui-même pour la préservation de sa propre nature » (*Léviathan*, I, 14). Ce droit laisse les hommes libres des moyens utilisés et entre en contradiction avec la loi naturelle qui leur ordonne de se conserver en vie. Il faut éviter la mort, qui rendrait impossible la recherche de la félicité et arrêterait le *conatus*, le mouvement naturel de l'homme. L'état de nature est un état de peur généralisée de la mort violente. Il suscite un calcul de la raison qui permet le contrat, c'est-à-dire l'abandon par chacun de son droit à se gouverner lui-même et le transfert de ce droit au souverain, autorisé par cette destitution à représenter les hommes et à être l'auteur de leurs actes. L'état de nature est une hypothèse méthodologique pour déduire la nécessité de l'État à partir d'une anthropologie réaliste, étudiant les effets mécaniques des passions.

Pascal prend également en compte les effets du désir et des passions. Il décrit à plusieurs reprises la genèse factuelle de l'État et des lois à partir d'une situation analogue à l'état de nature (l'île de la parabole des *Trois discours sur la condition des Grands* est une version de cet état de nature). Toutefois, la démarche de Pascal est très différente de celle de Hobbes, par son fondement anthropologique et théologique. L'absence de connaissance de la loi naturelle rend impossible la construction rationnelle de l'ordre politique sur une égalité de droits et de devoirs. Pascal ne recourt à aucun contrat et s'écarte des problématiques du droit naturel : « Les cordes qui attachent le respect des uns envers les autres en général sont cordes de nécessité ; car il faut qu'il y ait différents degrés, tous les hommes voulant dominer et tous ne le pouvant pas, mais quelques-uns le pouvant.

« Figurons-nous donc que nous les voyons commencer à

se former. Il est sans doute qu'ils se battront jusqu'à ce que la plus forte partie opprime la plus faible, et qu'enfin il y ait un parti dominant. Mais quand cela est une fois déterminé, alors les maîtres, qui ne veulent pas que la guerre continue, ordonnent que la force qui est entre leurs mains succédera comme il leur plaît : les uns le remettent à l'élection des peuples, les autres à la succession de la naissance, etc.

« Et c'est là où l'imagination commence à jouer son rôle. Jusque-là la pure force l'a fait. Ici c'est la force qui se tient par l'imagination en un certain parti, en France des gentilshommes, en Suisse des roturiers, etc.

« Or ces cordes qui attachent donc le respect à tel et à tel en particulier sont des cordes d'imagination » (677).

Le désir universel de domination engendre un conflit entre les hommes. La genèse du corps politique débute par une victoire de la force, qui ne saurait à elle seule garantir le pouvoir, puisqu'elle ne peut se perpétuer. L'État historique commence par la décision du parti vainqueur. Les « cordes de nécessité » doivent devenir « cordes d'imagination », pour marquer la victoire par des signes qui produiront le consentement de fait au pouvoir légitime, et pour convertir la violence brutale en droit, c'est-à-dire pour « justifier » la force. C'est ainsi qu'émerge le fameux « droit de l'épée » ou « droit du plus fort », critiqué par Jean-Jacques Rousseau comme un « galimatias incompréhensible » dans le *Contrat social*. Rousseau maintient une hétérogénéité entre l'ordre de la nécessité et de la force, qui implique de céder plutôt que d'obéir, et l'ordre du droit auquel répondent le devoir et la volonté. Pascal, à l'inverse, pense la conversion de la force en discours de la justice. La seule manière de contenir la *libido dominandi* est d'instaurer l'ordre de la justice et de le faire tenir pour naturel et légitime. Le pouvoir doit disposer des moyens d'assurer la stabilité sociale, c'est pourquoi il décide de son mode de transmission, et de la répartition des honneurs et des richesses.

2. *L'estime dans l'ordre politique*

En pensant la constitution de l'État à partir du consentement factuel à sa légitimité, sans se donner un individu doté d'un droit naturel, comment Pascal peut-il garantir la liberté des individus et lutter contre la tyrannie et l'oppression ? Le désir de domination, source du conflit au principe de l'État, est consubstantiel au lien social : comment Pascal peut-il remédier à la fragilité de l'État en l'absence du contrat ?

Pascal explique les mécanismes de perpétuation du corps politique d'une manière non juridique et non contractuelle, à partir du désir d'estime par le plus grand nombre d'hommes possible, qui constitue l'un des ressorts anthropologiques les plus puissants — ce que Hobbes reconnaît également, même s'il met l'accent sur la crainte de la mort. Le problème est celui d'obtenir la paix, ce qui suppose de régler la concurrence et de stabiliser le pouvoir auquel tous aspirent. En l'absence d'une inégalité naturelle vouant certains à commander, il faut contenir l'égalité naturelle des hommes et leur égale prétention au pouvoir par une nécessaire hiérarchie sociale, une distribution inégalitaire mais visible des biens, des honneurs et des privilèges. L'estime et plus précisément l'honneur et la réputation sont des motifs aussi puissants que la crainte de la mort, voire davantage si l'on considère l'exemple du duel. Cette idée sera présente dans la dialectique hégélienne du maître et de l'esclave. Pascal pense la constitution d'un ordre d'échange entre les hommes pour obtenir la reconnaissance de leurs qualités réelles ou imaginaires. Cet ordre produit une conversion des passions qui conduit à la civilité, c'est-à-dire à la transformation de la violence en sociabilité : la haine, inhérente au conflit issu de la recherche d'une approbation dont personne ne peut être le seul objet, est convertie par la nécessité d'estimer publiquement les autres et de marquer son respect, ne serait-ce que pour obtenir encore de l'estime. C'est un circuit de socialité dans lequel la violence laisse place à la commodité et à l'agrément. Comme l'écrit Christian Lazzeri, « la civilité des rapports sociaux, c'est la continuation du désir de domination par d'autres moyens » (*Force et justice dans la politique de Pascal*, PUF, 1993). Finalement, le respect produit dans l'ordre social des effets semblables à ceux de la charité : il conduit chacun à l'effacement du moi, au souci des autres ou à l'humilité. La pratique de l'honnêteté permet de « couvrir » le « moi haïssable » (509), d'en ôter l'incommodité même s'il en reste l'injustice.

Les sujets se trouvent ainsi protégés de la violence, et leur liberté est garantie. La constitution d'une justice par défaut, en l'absence d'accès à la justice véritable et au meilleur gouvernement possible, est négative : il s'agit d'éviter l'injustice et la tyrannie qui extorque le respect par des moyens illégitimes. L'ordre du respect règle les échanges en construisant un équilibre des relations sociales et en garantissant une justice de convenance dans l'ordre de l'établissement.

3.

Le travail des *Pensées*

1. *Le renversement du pour au contre*

Pascal engage, dans sa pensée politique, à rechercher les points fixes qui règlent nos conduites. Pour les construire, il procède à un « renversement perpétuel du pour au contre », nous laissant sans répit, parcourant les gammes de points de vue, du pyrrhonien au chrétien, pour construire le lieu depuis lequel les points de vue trouvent leur vérité. Ce renversement travaille chaque pensée dont il marque le style, par exemple dans l'usage de dialogues fictifs ou de citations de points de vue établis dans les pensées précédentes, et se retrouve dans les *Trois discours sur la condition des Grands* avec le parcours des différents ordres de grandeur.

2. *Scepticisme et apologétique*

Cette méthode renvoie à un bon usage de la raison, que Pascal s'efforce de définir méthodiquement : il ne faut ni exclure la raison ni n'admettre qu'elle. La raison doit atteindre une « ignorance savante qui se connaît » (77), elle doit voir ses limites et ses insuffisances. Là où l'on cherche un fondement assuré, « tout notre fondement craque et l'univers s'ouvre jusqu'aux abîmes » : la critique de la raison porte d'abord sur sa puissance dans le domaine de la science. Mais le doute n'opère pas simplement un travail de destruction, comme la « raison-Pénélope » de Pierre Bayle (1647-1706) qui défait la nuit ce qu'elle tisse le jour. Le scepticisme travaille de manière interne la constitution de tout savoir et de toute conduite, mais il engage à trouver le lieu d'où les contradictions se comprennent ensemble : si aucune neutralité n'est possible dans « la guerre ouverte entre les hommes, où il faut que chacun prenne parti, et se range nécessairement ou au dogmatisme ou au pyrrhonisme » (122), c'est Dieu et non plus le sujet qui dénoue le combat. Pascal fait un usage propédeutique (c'est-à-dire préparatoire) du scepticisme pour ouvrir à la foi. Le doute doit susciter l'inquiétude existentielle, il doit assaillir celui qui suit son existence comme s'il « savait certainement où est la raison et la justice » et l'amener à prendre au sérieux son salut et à « écouter Dieu ».

4.

Prolongements contemporains

L a philosophie et la sociologie contemporaines prolongent les réflexions de Pascal, notamment sur la question de la violence, du pouvoir et de la justice sociale.

1. *Violence et justice*

Le « relativisme » de Pascal en matière de justice, dans lequel on décèle l'apport de Montaigne, n'est pas le dernier mot de la politique pascalienne. La réflexion sur le droit comme conversion de la violence dépasse l'interprétation strictement conventionnaliste selon laquelle la loi est un pouvoir masqué, et le droit un instrument docile de la force, que l'on trouve dans la fable de Jean de La Fontaine selon laquelle « la raison du plus fort est toujours la meilleure ». C'est ce que Jacques Derrida (1930-2004) s'efforce de montrer dans *Force de loi. Le « fondement mystique de l'autorité »* (Galilée, 1994). Lorsqu'il distingue la force de la loi et la violence originaire qui a instauré l'autorité, il pointe la difficulté de toute fondation de la justice : la violence première n'est ni juste ni injuste, aucune justice préalable ne peut la garantir ou l'invalider. La position de la loi excède l'opposition entre fondé et non-fondé. Derrida critique ainsi l'« assurance » de la justice, impossible en dehors de la bonne conscience et de la mystification. Il révèle « l'épreuve de l'indécidable » qui hante la décision. On trouve bien cette dimension chez Pascal avec l'idée qu'il « y a sans doute des lois naturelles, mais cette belle raison corrompue a tout corrompu » (56). Pascal saisit, selon Derrida, la déficience fondamentale de la justice.

De son côté, Louis Althusser (1918-1990) se réfère à Pascal lorsqu'il construit la notion d'« appareils idéologiques d'État », dans son article « Idéologie et appareils idéologiques d'État. Notes pour une recherche », publié dans *Positions* (Éditions sociales, 1982). Il étudie la reproduction des conditions de la production, c'est-à-dire des moyens de la production et de la force de travail, de sa qualification et de sa soumission aux règles de l'ordre établi. Cela suppose une reproduction de la soumission à l'idéologie dominante pour les ouvriers, et de la capacité à bien manier l'idéologie dominante pour les agents de l'exploitation et de la répression. La reproduction de l'infrastructure économique ne suffit pas, il faut garantir l'« effet en retour » de la superstructure, c'est-à-dire de l'ensemble des institutions ou appareils d'État (école, Église, armée) sur l'infrastructure. L'apport de Pascal à la réflexion d'Althusser provient de l'analyse de la religion, et notamment du rituel qui conduit à la foi (« mettez-vous à genoux, remuez les lèvres de la prière, et vous croirez »). Cette analyse permet de repenser l'idéologie en pointant l'existence matérielle des idées. Les idées des sujets deviennent des actes matériels : elles sont insérées dans des pratiques et réglées par des rituels, ce qui permet la reproduction de l'ordre social.

2. *La sociologie du pouvoir*

Le sociologue Pierre Bourdieu (1930-2002), dans ses *Méditations pascaliennes* (Seuil, 1997), revient de manière polémique sur son statut de philosophe et critique la « raison scolastique » de la philosophie spéculative. Contre la distance inhérente à la position de philosophe, « scolastique » par définition puisqu'elle suppose d'être à l'écart du monde et de la pratique, dans une situation de *skholé* (loisir), il définit son travail de sociologue en référence à la philosophie pascalienne, parce qu'elle est une philosophie du commun auquel elle restitue son point de vue. Pascal n'est pas sociologue, mais il traite des problèmes de la vie ordinaire regroupés sous l'appellation de divertissement : « J'avais toujours su gré à Pascal, tel que je l'entendais, de sa sollicitude, dénuée de toute naïveté populiste, pour le "commun des hommes" et les "opinions du peuple saines" ; et aussi de sa volonté, qui en est indissociable, de chercher toujours la "raison des effets", la raison d'être des conduites humaines en apparence les plus inconséquentes et les plus dérisoires — comme "courir tout le jour après un lièvre" —, au lieu de s'en indigner ou de s'en moquer, à la manière des "demi-habiles", toujours prêts à "faire les philosophes" et à tenter d'étonner par leurs étonnements hors du commun à propos de la vanité des opinions de sens commun. »

Prendre au sérieux les « opinions du peuple saines » comme le fait Pascal, et chercher la raison de ses pratiques, c'est ce qui définit la méthode sociologique que Bourdieu entend mettre en œuvre lorsqu'il élabore la notion de sens pratique et celle d'*habitus*. Il s'agit de penser ce que les hommes font quotidiennement et qui fait sens pour eux, alors qu'ils n'obéissent pas à des règles explicites. Il faut selon Bourdieu saisir scientifiquement les pratiques en dégageant leur logique immanente, ce qui aboutit à prendre en compte la justification donnée aux conduites par l'imagination et la pratique, hors de la pure théorie. Bourdieu est notamment attentif à la manière dont la coutume, qui permet l'assujettissement des corps, constitue un mode d'exercice du pouvoir. Il rejoint par là l'analyse des disciplines menée par Michel Foucault (1926-1984) dans *Surveiller et punir* (Gallimard, Tel n° 225, 1990). L'étude des technologies de pouvoir fait d'une certaine manière écho à l'analyse du corps chez Pascal.

3. *Justice et société*

John Rawls (1921-2002), dans sa *Théorie de la justice* (Seuil, 1987), repensait la justice sociale en justifiant l'inégalité entre certaines fonctions accessibles à tous, lorsque cette inégalité est au bénéfice de la minorité. Michael Walzer (né en 1935) s'oppose au contractualisme de Rawls, et s'efforce dans son ouvrage *Sphères de justice* (Seuil, 1997) de repenser la justice sociale de manière pluraliste et locale. Il rend raison de la pluralité des manières de déterminer le bien commun selon différentes sphères (domestique, économique ou politique) qui correspondent à des types de bien et des critères spécifiques de distribution dans la communauté. Il se réfère explicitement à Pascal et notamment à la pensée 54 sur la tyrannie : il propose une « égalité complexe » qui permettrait de contenir les tentations tyranniques d'exporter un type de bien dans un autre ordre. L'injustice consiste par exemple à donner une justification d'ordre marchand hors de ses limites de validité, dans la sphère domestique. L'égalité simple, c'est-à-dire l'identité de possession (« avoir 14 chapeaux chacun »), ne suffit pas à définir la justice : l'égalité dépend des relations entre les personnes qui évaluent les biens sociaux, qui les produisent et les partagent. Ainsi, en écho aux ordres pascaliens démultipliés en pluralité de sphères, Walzer détermine dans chaque sphère les principes internes qui régissent la distribution des qualités et des biens sociaux. La tyrannie, qui provient de la transgression de ces principes et de l'envahissement des autres sphères, est pensée dans une perspective pascalienne.

Dans une autre perspective, la philosophie sociale d'Axel Honneth (né en 1949) considère que la reconnaissance est l'enjeu des luttes sociales. Il développe par conséquent une réflexion sur les injustices et les mépris, les expériences d'humiliation, qui sont les moteurs du changement social. Le conflit social s'explique en termes d'attentes morales de reconnaissance déçues. La reconnaissance dans ce cadre est un moteur d'intégration sociale, selon différents niveaux, affectif, juridique ou social. Honneth ne se réfère pas à Pascal, mais sa réflexion sur la reconnaissance prolonge de manière féconde l'attention portée par Pascal à la recherche d'estime comme ressort de l'ordre social.

La figure du philosophe

SI PASCAL N'EST PAS toujours considéré comme un philosophe au sens strict, c'est sans doute parce qu'il n'a pas construit de système, mais surtout parce qu'il est inclassable. Il a de multiples figures : c'est un scientifique et un expérimentateur autant qu'un technicien à l'esprit concret, soucieux du bon usage de ses inventions et ancré dans la cité ; c'est aussi un mondain, un moraliste et un polémiste dans les querelles théologiques, puis un ascète retiré hors du monde. On examinera la manière dont les préoccupations scientifiques, techniques, existentielles, morales et religieuses de Pascal, penseur des ordres hétérogènes, s'enchevêtrent néanmoins et correspondent les unes avec les autres.

1.

Un scientifique passionné

Blaise Pascal naît le 19 juin 1623 à Clermont-Ferrand, dans une famille de magistrats de grande bourgeoisie ou de petite noblesse. Sa mère, Antoinette Bégon, meurt quand il a trois ans. Son père, Étienne, exerce de hautes fonctions : il est conseiller puis vice-président à la Cour des aides. Il est mondain et scientifique, il s'intéresse à la géométrie et fréquente les grands mathématiciens de son époque. Pascal est éduqué par son père, il n'aura pas d'autre professeur que lui et n'ira pas à l'école. La péda-gogie humaniste de son père comprend l'étude des langues anciennes, de la grammaire, de l'histoire et du droit, ainsi que l'étude des textes sacrés et des écrits théo-logiques. Pascal, dont l'enfance est marquée par les conversations mathématiques du salon paternel, manifeste très tôt un vif intérêt pour cette discipline et prie son père de la lui enseigner — ce qu'il accepte, sous réserve que l'enfant connaisse d'abord le grec et le latin. Ce délai exa-cerbe sans doute sa curiosité, car il entreprend très jeune une reconstruction de la géométrie, en élaborant des défi-nitions, des axiomes et des démonstrations, jusqu'à redé-couvrir la trente-deuxième proposition d'Euclide. Son père, découvrant ce génie précoce, lui donne alors accès aux *Éléments* d'Euclide et l'autorise à participer aux discus-sions du cercle du père Mersenne (1588-1648), qui favo-risa les échanges entre les savants de son temps. Pascal rédige ensuite, en 1640, à seize ans, un *Essai pour les coniques* — application des travaux de l'ingénieur Gérard (ou Gas-pard) Desargues aux propriétés des figures quand elles sont projetées sur un plan —, ce qui lui confère la recon-naissance des mathématiciens de son temps. Pascal est immédiatement introduit dans le milieu des grands savants, René Descartes (1596-1650), Pierre de Fermat (1601-1665), Gilles de Roberval (1602-1675) ou Pierre Gassendi (1592-1655), qu'il rencontre ou avec qui il correspond. Il n'a donc pas été façonné, contrairement à Descartes qui a fait ses études au collège des jésuites de La Flèche, par une ins-titution scolaire dont il faudrait se libérer.

1. *Les recherches scientifiques*

Les travaux scientifiques de Pascal concernent surtout la mécanique et les mathématiques. En physique, ses travaux ont porté sur le vide. L'opinion courante était que le vide n'existe pas, mais Galilée (1564-1642) avait observé que l'eau pouvait s'élever dans une pompe au-delà d'une certaine limite, et son disciple Torricelli (1608-1647) considéra cette observation comme contradictoire avec la négation du vide. Il entreprit des expériences sur la pression atmosphérique, rapportées par Mersenne. En 1647, Pascal décide à son tour d'engager une série d'expériences sur le vide à Rouen. La même année, il engage une polémique avec le père Noël qui contestait la possibilité du vide. Il aurait eu également une discussion sur le vide avec Descartes, qu'il rencontra le 23 septembre 1647 ; Descartes lui aurait donné le lendemain des conseils pour sa santé. En 1648, il poursuit ses expériences sur le vide, avec l'aide de son beau-frère Florin Périer, qui mesure la hauteur de mercure en différents points du puy de Dôme, pour montrer qu'elle varie avec l'altitude, c'est-à-dire avec l'importance de la pression exercée sur le mercure. La question du vide fait l'objet d'un traité, rédigé en 1651, dont il ne reste qu'un fragment de préface. Pascal y affirme que le principe en physique ne saurait être l'autorité des Anciens (selon lesquels « la nature a horreur du vide »), mais l'expérience qui a confirmé l'existence du vide et trouvé sa cause dans la pression de l'air. Il prolonge ses travaux en rédigeant entre 1651 et 1653 un *Traité de la pesanteur de la masse de l'air* et un *Traité de l'équilibre des liqueurs*. Il formule le principe de la presse hydraulique.

2. *La machine à calculer*

Les travaux scientifiques de Pascal sont liés à une pratique expérimentale et à des préoccupations techniques originales, ce que montre l'invention de la machine à calculer, appelée « Pascaline ». Elle est destinée à remplacer l'intelligence et à effectuer les opérations de l'esprit de manière infaillible ; elle évite notamment les erreurs de retenue grâce à un processus mécanique, le « sautoir ». Pascal en a l'idée vers dix-huit ans, il en fait les plans en 1642. Son père, devenu en 1639 commissaire aux aides en Normandie, s'occupe du calcul administratif de l'impôt. La première machine que Pascal s'efforce de mettre au point vise à aider son père. À ce but utilitaire s'ajoute un but politique, celui de parvenir à une répartition juste de l'impôt, dans un contexte de révolte des paysans contre le pouvoir parisien. L'invention de la Pascaline est le fait d'un esprit pratique — elle nécessite une fabrication technique avec l'aide d'artisans —, mais aussi d'un esprit commercial : Pascal est très soucieux de l'exploitation de la machine. Pour se prévenir contre les imitations, il a obtenu du chancelier Séguier un « Privilège extraordinaire » accordant l'exclusivité pour le prototype mis en place et pour les tentatives ultérieures pour mécaniser le calcul. En lui envoyant un modèle, Pascal écrit une « Lettre dédicatoire » et un « Avis nécessaire à ceux qui auront curiosité de voir la machine d'arithmétique et de s'en servir » dans lequel il décrit les difficultés de sa réalisation, et les transformations du projet théorique induites par les adaptations techniques visant à faciliter l'usage et à garantir la solidité des matériaux (il mentionne qu'il a réalisé « jusqu'à cinquante modèles »). Ces difficultés et leur coût expliquent la faible diffusion de la machine, qui reste néanmoins un succès. Le projet d'une mécanisation du calcul, c'est-à-dire de la projection matérielle d'opérations mentales, a quelque chose de mystérieux : les opérations de l'esprit se transforment en matérialité, en mouvements concrets. Dans son article « Pascal et la machine », Pierre Macherey rapproche ce dispositif technique qui imite les opérations de l'âme du « discours de la machine » par lequel Pascal visait à convaincre l'incroyant en agissant sur son corps. Dans son célèbre « pari », Pascal entendait montrer que l'on gagne tout en choisissant la foi et que l'on ne perd rien en perdant la vie libertine et matérialiste. Les enjeux existentiels de ce pari, même s'il utilise le calcul des probabilités, échappent donc au calcul de la machine en impliquant l'infinité des richesses de Dieu pour celui qui engage sa vie en lui accordant sa foi sincère.

On trouve un autre exemple de l'esprit concret de Pascal dans son idée d'un système de transport en commun, le réseau des « carrosses à cinq sols » (1662), transportant pour ce prix les voyageurs d'un quartier de Paris à un autre, dont les bénéfices étaient destinés aux pauvres.

2.

Un penseur existentiel et un moraliste

L'activité scientifique de Pascal est également prise dans des préoccupations morales, existentielles et religieuses : la puissance de la raison va être éprouvée dans ces domaines. L'existence de Pascal est transformée en 1651, à la mort de son père, au moment où il se retrouve à la tête de la fortune familiale. Au cours de cette période mal connue, Pascal fréquente les salons à Clermont et à Paris. Sa vie mondaine a certainement alimenté ses réflexions d'observateur des mœurs de son temps et de la condition humaine. On peut penser aux analyses de l'amour-propre et du divertissement, mais aussi de l'ennui, voire du dégoût que peut susciter cette vie mondaine, dans les *Pensées*; on pense de même à l'analyse de la sociabilité et de la hiérarchie sociale dans les *Trois discours sur la condition des Grands.*

On a dit Pascal amoureux à cette époque, et on lui a attribué le *Discours sur les passions de l'amour*. Il fréquente les beaux esprits, participe aux conversations frivoles ou profondes, s'initie aux jeux de hasard. Il rencontre le duc de Roannez, Damien Mitton et le chevalier de Méré. Ce dernier est le type même de l'honnête homme. Il définit l'honnêteté comme « l'art d'exceller en tout ce qui regarde les agréments et les bienséances de la vie » (chevalier de Méré, *Discours de la vraie honnêteté*). Les honnêtes gens, libertins cultivés indifférents en matière religieuse, seront la cible de l'argument du pari dans les *Pensées*. Pascal rencontre ainsi une autre tournure d'esprit, l'esprit de finesse, intuition engageant à « voir la chose d'un seul regard », et non par progrès du raisonnement comme l'esprit géométrique.

Pascal poursuit ses activités scientifiques. En 1654, il jette les fondements d'une géométrie du hasard et du calcul des probabilités, en utilisant les formules combinatoires qu'il a établies à partir des propriétés du triangle arithmétique. Il résout le «problème des partis», c'est-à-dire la répartition équitable des enjeux restants entre les joueurs, selon leurs chances de gain, lorsqu'une partie est interrompue avant son achèvement : il s'agit de la détermination rationnelle d'un parti à prendre face à un avenir incertain. Il correspond avec Fermat (1654) sur cette question de la règle des partis. Il perfectionne sa machine à calculer et en envoie un modèle à Christine de Suède. Il s'occupe de la vente de sa machine, cherche des placements avantageux, s'intéresse à une affaire de dessèchement des marais poitevins.

La période mondaine est encore marquée par la maladie, que Pascal endurait depuis son enfance : une «chaleur d'entrailles» l'empêchait de boire des liquides froids, et il souffrait de violents maux de tête, ce qui l'avait conduit à écrire une *Prière pour demander à Dieu le bon usage des maladies*. Il continue à souffrir du ventre et de l'estomac, et vit une paralysie momentanée des jambes.

Pascal éprouve sans doute un dégoût de cette vie dissipée qui va progressivement le conduire à se rapprocher de sa sœur Jacqueline (entrée au couvent en 1652), puis à se retirer lui-même à Port-Royal. Au cours d'une retraite, en janvier 1655, il écrit le texte qui servira à composer l'*Entretien de M. Pascal et de M. de Sacy sur Montaigne et Épictète*.

3.

Un polémiste dans les querelles théologiques, un solitaire à Port-Royal

1. *Les deux conversions*

Dans le chemin qui conduit Pascal à la conversion et à la retraite, la découverte du jansénisme est un événement important. Au cours de l'année 1646, le père de Pascal glisse sur le pavé glacé et se fait soigner par des médecins jansénistes. La famille de Pascal, marquée par cette rencontre, décide de se convertir à une piété plus austère. C'est la première conversion de Pascal : il ne s'agit pas d'un passage de l'athéisme à la foi, mais de la prise de conscience de quelqu'un qui se croyait chrétien. Pascal discute des problèmes théologiques de la grâce, à propos de l'ouvrage posthume de Jansénius (1585-1638), évêque d'Ypres, l'*Augustinus* (1640). À cette période, choqué d'entendre un ex-capucin, Jacques Forton, défendre l'absence de prédestination au salut, Pascal le dénonce à l'archevêque et obtient sa rétractation. La foi de Pascal a une dimension fortement militante.

La « seconde » conversion de Pascal est provoquée par la vision mystique de la nuit du 23 novembre 1654, qu'il consigne dans le « Mémorial », morceau de parchemin qu'il portera cousu à son manteau jusqu'à sa mort. Cette nuit d'illumination le mit en contact avec un Dieu personnel, le Dieu d'Isaac, d'Abraham, de Jacob et non celui des philosophes. Il décide alors de se retirer de la vie du monde et de vivre selon l'Évangile. Il a la certitude qu'il n'est plus abandonné de Dieu. Il note : « oubli du monde et de tout », « renonciation totale et douce ». Cette décision est accompagnée de deux événements : l'accident du pont de Neuilly et le miracle de la Sainte Épine. En 1654, au cours d'une promenade, les deux chevaux de tête du carrosse dans lequel se trouve Pascal s'emballent brutalement sur le pont de Neuilly et se jettent dans le fleuve, mais le carrosse s'arrête au bord du précipice et Pascal est sauvé. Puis survient en mars 1656 la guérison miraculeuse de la nièce de Pascal, Marguerite, fille de sa sœur Gilberte, qui souffrait d'une grave fistule lacrymale jugée incurable par les médecins. À la suite du contact de l'œil avec un reliquaire contenant un éclat de la Sainte Couronne du Christ, la fillette guérit. Jacqueline, l'autre sœur de Pascal, écrivit un poème à cette occasion, et Pascal y vit un appel de Dieu. Retiré à Port-Royal, il va vivre dans la charité.

2. *La querelle du jansénisme*

Pascal participe depuis Port-Royal à la querelle du jansénisme. Port-Royal fut le siège de la défense de la doctrine
de Jansénius sur la grâce et la prédestination, contre les
attaques des jésuites et des autorités officielles. En 1653,
une bulle du pape Innocent X condamne cinq propositions sur la grâce tirées de l'*Augustinus*. Les défenseurs de
Jansénius les condamnent aussi, mais déclarent qu'elles ne
se trouvent pas en fait dans le livre. Antoine Arnauld (1612-
1694) entre dans le combat, au moment où un prêtre de
Saint-Sulpice refuse l'absolution à un ami de Port-Royal ; il
est attaqué vigoureusement en retour par les jésuites de la
Sorbonne. Pascal écrit alors dix-huit lettres, les *Provinciales*,
sous le pseudonyme de Louis de Montalte. La première
*Lettre écrite à un provincial par un de ses amis sur le sujet des
disputes présentes de la Sorbonne* date du 23 janvier 1656, la
dix-huitième du 24 mars 1657. Il s'agit d'un travail collec-
tif où Pascal, aidé d'Arnauld et de Pierre Nicole (1625-
1695), fait preuve d'ironie et de persuasion en dénonçant
la casuistique et la morale jésuites. Une grande partie de
la discussion porte sur la grâce.

En 1657, Pascal écrit *De l'esprit géométrique et de l'art de persuader*. L'année suivante, il résout le problème de la courbe
appelée « roulette » ou « cycloïde », dessinée par le point *a*
d'un cercle qui roule sur une droite. Il lance un défi aux
savants en posant six problèmes sur la roulette.

À Port-Royal, de 1658 à 1662, il prépare son *Apologie de
la religion chrétienne*, œuvre inachevée dont les papiers post-
humes constituent ce que nous appelons les *Pensées*. Il
s'agit d'une attaque contre l'indifférence religieuse, pour
tirer l'homme mondain de son repos. L'établissement du
texte fait difficulté, puisque le projet n'a pas été mené jusqu'à son terme. Les classifications proposées s'appuient
soit sur la copie faite lors de la découverte des papiers en
l'état à Port-Royal, soit sur une organisation thématique,
ou encore sur des reconstitutions du projet de Pascal à par-

tir d'indications laissées dans ses textes. Une publication a lieu en 1670 des *Pensées de M. Pascal sur la religion et sur quelques autres sujets, qui ont été trouvées après sa mort parmi ses papiers*, avec une certaine sélection de Port-Royal.

3. *Les voies du salut*

Pour procéder à l'«apologie» de la religion chrétienne, Pascal met en œuvre une méthode spécifique. Elle ne consiste pas en une démonstration rationnelle de l'existence de Dieu, puisqu'il ne s'agit pas de conduire au Dieu des philosophes. Pour amener les libertins (les «esprits forts») et les pyrrhoniens à la foi, c'est-à-dire à engager leur vie et à prendre leur salut au sérieux, Pascal propose un pari : «Dieu est ou il n'est pas, de quel côté pencherons-nous? La raison n'y peut rien déterminer. Il y a un chaos infini qui nous sépare. Il se joue un jeu à l'extrémité de cette distance infinie, où il arrivera croix ou pile.» Qu'on le veuille ou non, exister c'est parier : «cela n'est pas volontaire; vous êtes embarqués» (397). L'enjeu est l'espoir d'obtenir un bonheur infini, avec le risque de perdre des biens inconsistants. Le gain libertin, se libérer des devoirs du chrétien, n'est rien par rapport au gain du salut éternel. Il s'agit de montrer aux croyants qu'ils n'ont rien à perdre, et tout à gagner.

La voie du salut n'est donc pas purement rationnelle, mais elle n'est pas purement spirituelle : il faut faire un détour par le corps, «préparer la machine» selon le terme cartésien de la théorie des animaux-machines. L'intériorité de la foi doit être entraînée, inclinée, par les gestes du rituel (se mettre à genoux). Il convient de s'abêtir, de faire la bête, si scandaleux que cela puisse paraître, en imitant les gestes de la croyance. C'est par défaut, du fait de notre condition, qu'il faut commencer par suivre la prescription à la lettre : «Car il ne faut pas se méconnaître, nous sommes automate autant qu'esprit. Et de là vient que l'instrument par lequel la persuasion se fait n'est pas la seule démonstration » (671). Pascal engage à adopter par accoutumance le comportement instinctif des animaux, pour vaincre la volonté, humilier la raison et se soumettre à Dieu. Si la recherche d'une foi purement intérieure revient à être orgueilleux, s'en tenir à l'extériorité de la lettre serait superstitieux. L'accès à Dieu se fait par la médiation de Jésus-Christ, il faut se haïr pour l'aimer. « La conversion véritable consiste à s'anéantir devant cet être universel qu'on a irrité tant de fois et qui peut vous perdre légitimement à toute heure, à reconnaître qu'on ne peut rien sans lui et qu'on n'a rien mérité de lui que sa disgrâce. Elle consiste à connaître qu'il y a une opposition invincible entre Dieu et nous, et que sans un médiateur il ne peut y avoir de commerce » (358). La voie de la charité est préparée par le corps et animée par le cœur.

Pascal termine sa vie malade à Port-Royal, où il poursuivait ses travaux et recevait des amis. Il portait à nu sur sa chair une ceinture de fer pleine de pointes, et se donnait parfois des coups pour redoubler la douleur. Il se sacrifiait pour les pauvres et voulut mourir à l'hospice, aux incurables, ce que les médecins refusèrent à cause de la faiblesse de son état. Après la communion et l'extrême-onction, il meurt le 19 août 1662, à trente-neuf ans.

Les investigations de Pascal portent sur des champs précis, sans cesse distingués selon leur ordre. Pascal produit une philosophie de l'ajustement, de la convenance de chaque méthode à son objet, et de l'injustice de prétendre valoir hors de son ordre. L'esprit de géométrie vaut là où l'esprit de finesse ne vaut plus, l'autorité vaut là où la raison et l'expérience ne valent pas, de même pour le respect et l'estime. L'ordre de la charité couronne ces rapports en délivrant le point de vue qui permet d'en comprendre la justice. Toutefois, les ordres de préoccupation de Pascal sont enchevêtrés et plusieurs points de correspondance se font jour : la machine vaut dans l'ordre scientifique et dans l'ordre de la foi, le pari emprunte au calcul de probabilité mais engage la vie entière, la raison des effets vaut en physique comme dans l'ordre social, la réflexion sur les coniques permet de comprendre les déformations projectives en géométrie et les déformations des points de vue des hommes.

1623	Naissance de Pascal à Clermont-Ferrand.
1640	Publication d'un *Essai pour les coniques*.
1642	Conception de la machine à calculer, premières atteintes de la maladie.
1646	Première conversion, découverte du jansénisme. Expériences de Torricelli répétées à Rouen.
1647	Controverse avec Jacques Forton. Rencontre avec Descartes. Controverse avec le père Noël sur le vide.
1648	Expérience du puy de Dôme.
1651	Rédaction du *Traité du vide*.
1653	Rédaction de deux traités : *De l'équilibre des liqueurs* et *De la pesanteur de la masse de l'air*.
1654	Nuit du Mémorial, seconde conversion.
1655	Rédaction de l'*Entretien de M. Pascal avec M. de Sacy sur Épictète et Montaigne*.
1656-1657	Sommet de la querelle sur le jansénisme, rédaction des *Provinciales*.
1657	*De l'esprit géométrique et de l'art de persuader*.
1658	Recherches mathématiques sur la roulette. Exposé à Port-Royal sur le plan de son ouvrage *Apologie de la religion chrétienne* (les *Pensées*).
1660	Rédaction des *Trois discours sur la condition des Grands*.
1662	Mort de Pascal.

Trois questions
posées au texte

LES *TROIS DISCOURS sur la condition des Grands* ont été
écrits par Pascal autour de 1660 et transmis par Nicole pré-
cédés d'une préface. Ils visent à instruire un jeune prince,
vraisemblablement le fils aîné du duc de Luynes, on l'a vu,
par l'examen de trois défauts dont les Grands font preuve
du fait même de leur condition. Le premier est de « se
méconnaître soi-même », c'est-à-dire d'ignorer l'origine
établie et non naturelle de sa condition. Le second
découle du premier : en attribuant ses qualités sociales à
sa nature, le Grand exige une estime qui ne lui est pas due.
Le troisième est de faire un usage illégitime de sa puissance
à l'égard du peuple, en adoptant un comportement tyrannique.

La question de la conduite morale des Grands engage
une réflexion sur les mécanismes de l'ordre social et politique. Les trois questions posées au texte suivront les trois
discours et constitueront du même coup une voie d'entrée
dans le texte difficile des *Pensées*, sélectionnées ici en écho
aux problèmes posés dans l'opuscule.

1.

« Qu'est-ce à votre avis
d'être grand seigneur ? »

1. « *Connaître sa condition* »

On se demandera avec Pascal comment il se fait que l'on soit grand, quels sont l'origine et le fondement de la grandeur. Pascal appelle le Grand à savoir d'où il vient et à ne pas se méconnaître, en lui indiquant la conduite morale, sociale et politique à tenir. Il s'oppose à l'idée selon laquelle l'ordre social exprimerait une inégalité naturelle et assignerait des places en vertu desquelles certains auraient un droit naturel à gouverner les autres. La condition des Grands, qui leur procure richesses et privilèges, n'est pas naturelle, comme ils ont tendance à le croire, mais acquise par hasard. La nature et le corps sont « indifférents » à la grandeur sociale.

On entre d'abord dans la « connaissance » de cette condition par une parabole : celle d'un homme, jeté par la tempête dans une île inconnue et pris par les habitants pour le roi qu'ils avaient perdu. L'ouverture du texte de Pascal est une « expérience de pensée », un détour par la fiction pour atteindre une vérité théorique ainsi qu'une vérité morale et religieuse dans la suite du texte. Cette parabole porte sur le cas singulier du roi, mais elle demeure exemplaire pour penser la condition des Grands en général et de l'homme lui-même, devenu après la chute un « roi dépossédé », perdu par le péché originel. La situation de la parabole est emblématique de la condition humaine. On en trouve un écho dans la pensée 184 : « En voyant l'aveuglement et la misère de l'homme, en regardant tout l'univers muet et l'homme sans lumière abandonné à lui-même, et comme égaré dans ce recoin de l'univers sans savoir qui l'y a mis, ce qu'il y est venu faire, ce qu'il deviendra en mourant, incapable de toute connaissance, j'entre en effroi comme un homme qu'on aurait porté endormi dans une île déserte et effroyable, et qui s'éveillerait sans connaître où il est et sans moyen d'en sortir.» Ainsi, la situation décrite sur l'île a un double enjeu politique et existentiel. Anthropologie et politique renvoient l'une à l'autre. La parabole démystifie la condition sociale et explique la genèse et les mécanismes du pouvoir. Elle renvoie en outre à la situation de l'humanité entière perdue dans l'univers muet et ses espaces infinis.

La parabole décrit une rencontre fortuite : les habitants de l'île sont «en peine» de trouver leur roi lorsque se produit la coïncidence, l'un arrive lorsque l'autre est cherché. Une «ressemblance de corps et de visage» entre l'homme et le roi renforce la coïncidence. Mais on peut penser à l'inverse que la ressemblance, plutôt que la simple cause de la méprise, est l'effet du manque ou du désir de roi, qui l'a en quelque sorte produite.

Le point de vue intérieur de l'homme diffère du point de vue du peuple. Les habitants témoignent d'une reconnaissance immédiate, au sens d'une identification erronée du roi perdu, et dans le même temps d'une reconnaissance de la légitimité de celui qu'ils prennent pour leur roi, en lui exprimant leur respect. En l'homme on distingue deux moments : d'abord il hésite («il ne savait quel parti prendre») puis se décide («il se résolut enfin de se prêter à sa bonne fortune»). La délibération de l'homme peut être considérée comme un conflit moral : va-t-il détromper le peuple en disant la vérité ou satisfaire son désir d'avoir un roi en le trompant? La décision est passive et invisible au peuple. Elle est acceptation de la contingence de la situation : «Il reçut tous les respects qu'on lui voulut rendre, et il se laissa traiter de roi.» La fonction royale est reconduite à cette reconnaissance et aux signes qui la marquent.

S'agit-il d'un cas d'usurpation illégitime, qui comme tel ne saurait nous renseigner sur la nature du politique et grèverait la prétention à l'exemplarité de cette image? La parabole renseigne sur la condition humaine, marquée par la perte de sa dignité royale, mais il faut dégager son enjeu politique. Elle rappelle la doctrine des « deux corps du roi », le corps physique de l'homme et le corps mystique de la dignité royale, mais elle maintient leur dualité. La fonction royale est bien un effet du désir d'assujettissement des habitants. L'homme pris pour un roi ne prend pas activement le pouvoir comme un tyran qui tromperait le peuple pour assouvir son désir de domination. Le mécanisme de projection se déroule de lui-même, indépendamment de sa volonté. Il porte sur le corps et le visage du roi, ce qui fait écho à la pensée 23, selon laquelle « le caractère de la divinité est empreint sur son visage » en vertu de l'habitude qu'a le peuple de voir les rois accompagnés des signes de leur pouvoir : c'est pourquoi « leur visage, quand il est quelquefois seul et sans ses accompagnements, imprime dans leurs sujets le respect et la terreur parce qu'on ne sépare point dans la pensée leurs personnes d'avec leurs suites qu'on y voit d'ordinaire jointes ». La présence du roi est produite par cette reconnaissance, qui fait du même coup passer les sujets du statut géographique d'habitants au statut politique de peuple.

Si l'homme laisse le peuple croire qu'il est le roi, il a toutefois une « double pensée » : il « ne pouvait oublier sa condition naturelle » et lorsqu'il recevait les respects dus à la condition royale, il « songeait, en même temps[...], qu'il n'était pas ce roi ». Il sait donc par où il est grand : ce qui l'a fait roi est sans rapport avec sa grandeur naturelle. La « double pensée » montre qu'il n'y a pas de résolution de l'alternative entre usurpation et vérité. La tension est maintenue entre la sphère publique, celle du traitement politique du peuple, et la sphère privée, celle du traitement éthique de soi. La double pensée fait surgir deux figures de la justice, l'égalité dans l'état véritable (l'interchangeabilité des hommes et le hasard des conditions) et le juste traitement du peuple par son roi.

2. *L'enseignement de la parabole*

Pascal insiste sur le fait que le hasard régit l'obtention des grandeurs sociales, et non un quelconque droit par nature à ces privilèges. « Ne vous imaginez pas que ce soit par un moindre hasard que vous possédez les richesses dont vous vous trouvez maître, que celui par lequel cet homme se trouvait roi. » La venue de l'homme au monde ainsi que sa qualification sociale sont contingentes. C'est « une infinité de hasards » qui font naître les hommes dans telle ou telle famille (cela dépend de mariages, d'« une visite faite par rencontre, d'un discours en l'air, de mille occasions imprévues »). Le hasard régit aussi la venue au pouvoir des lignées, qui ne sont nullement destinées par nature à commander.

Le hasard régit encore l'ordre social par la « fantaisie des lois ». Le Grand a hérité de sa fortune en vertu des lois qui fixent les modalités de la transmission des titres et du patrimoine : « Vous imaginez-vous aussi que ce soit par quelque loi naturelle que ces biens ont passé de vos ancêtres à vous ? Cela n'est pas véritable. Cet ordre n'est fondé que sur la seule volonté des législateurs qui ont pu avoir de bonnes raisons, mais dont aucune n'est prise d'un droit naturel que vous avez sur ces choses. » Les lois positives ne sont pas liées à un droit naturel, mais dépendent du « tour d'imagination » des législateurs. C'est le thème de la relativité de la justice comme pérennisation de rapports de fait, ainsi que le montre l'exemple des roturiers et des nobles, honorés les uns ou les autres en certains endroits. En l'absence d'accès à la loi naturelle, l'ordre de la coutume s'est substitué à la justice manquante.

En outre, la loi a ici la fonction de perpétuer le pouvoir du vainqueur, et de mettre fin au conflit des désirs de domination. Les législateurs permettent de stabiliser l'ordre et de convertir la force en droit : cette force « succédera comme il leur plaît » (677) par le jeu de la loi. Ainsi, c'est la conjonction du hasard de la naissance et de la contingence de la législation qui fixe l'ordre établi et assure la possession du pouvoir et la répartition des biens.

Mais quelle différence y a-t-il entre le Grand et l'homme pris pour un roi, alors même que leur point commun est la contingence de leur condition et son absence de fondement naturel ? Si les biens et richesses du Grand lui appartiennent légitimement, l'homme pris pour un roi les a usurpés. Cette légitimité qui les distingue tient au statut de la loi : ce qui est établi doit être respecté parce que c'est établi et, en dernier ressort, parce que « Dieu, qui en est le maître, a permis aux sociétés de faire des lois pour les partager ». La justice de la loi est certes conventionnelle (le juste et l'injuste n'étaient pas fixés avant que les hommes ne s'accordent sur eux), mais elle est juste dès qu'elle est établie : « [...] quand ces lois sont une fois établies, il est injuste de les violer. » Le pouvoir politique n'a pas d'autre fondement que son établissement de fait : il y a donc une relativité historique et géographique des systèmes de justice. Pascal ne formule aucun idéal de gouvernement, puisque la justice véritable demeure absente. La grandeur, au contraire de l'usurpation, est légitimée par l'établissement et autorisée par Dieu en dernière instance.

3. *Le gouvernement du peuple*

Comme l'homme échoué sur l'île, le Grand doit avoir une double pensée pour ne pas méconnaître sa condition : il agira extérieurement selon son rang mais reconnaîtra son égalité naturelle par une pensée plus véritable. Cette double pensée corrige l'appréciation de sa condition, elle abaisse par-derrière celui qui s'élève en public. Toutefois, elle est tenue cachée et le peuple, qui croit que la noblesse est une grandeur réelle, ne doit pas connaître ce secret. On aurait pu s'attendre à ce que l'effort de ce premier discours pour remédier à la méconnaissance s'applique aussi au peuple et conduise à lui dévoiler les arcanes du pouvoir, ce qui aurait confirmé la différence substantielle entre le Grand et l'homme pris pour un roi. Or il n'en est rien : « Ne leur découvrez pas cette erreur », conseille Pascal. Il faut laisser croire au peuple que le Grand est d'une autre nature, car c'est sur cette croyance que repose l'obéissance du peuple, donc la stabilité du pouvoir et le maintien de la paix.

Si le peuple doit ignorer l'origine des lois et de la grandeur pour qu'elles conservent leur force et leurs effets, le Grand doit la connaître pour ne pas abuser de son élévation dans le traitement du peuple. L'oubli serait sottise et folie pour le Grand, car une telle méconnaissance susciterait une conduite excessive, tandis que la connaissance intérieure de leur égalité prémunit les Grands contre une conduite abusive.

2.

Qu'est-il juste de respecter ?

La confusion entre la condition sociale ou établie et la condition naturelle porte les hommes à se comporter de manière inadéquate, telle est la cible du second discours. Les qualités du Grand doivent faire l'objet d'un respect extérieur (donner un signe de soumission et de respect), mais ne sont pas toujours sous-tendues par des qualités d'esprit et de vertu, nécessaires pour recevoir de l'estime. Le prince, tout rempli de sa grandeur sociale, doit comprendre quel respect lui est dû, et ne pas exiger d'être estimé pour ses qualités sociales. Une autre forme de justice apparaît, celle qui consiste à respecter chaque qualité selon son ordre.

1. *La distinction des grandeurs et des respects*

Les grandeurs d'établissement ont été instituées. Elles dépendent de la volonté des hommes qui attachent à certains états des respects et des honneurs. Une dignité ou un titre de noblesse entraîne une valeur sociale. La justice de l'ordre établi n'est pas fondée en nature, mais elle est un rapport de force auquel on a donné une validité en l'instituant. Il faut donc s'y soumettre et le Grand pourra légitimement exiger les marques de respect qui lui reviennent dans cet ordre.

À l'inverse, les grandeurs naturelles sont « indépendantes de la fantaisie des hommes », c'est-à-dire qu'elles ne sont pas instituées par les hommes et ne dépendent pas de la volonté des législateurs. Elles dépendent de la nature de l'homme, « des qualités réelles et effectives de l'âme ou du corps ». Ce sont les qualités liées aux sciences, à la lumière de l'esprit, à la vertu, à la santé, à la force. On ne doit pas reconnaître ces qualités par des marques de respect mais par de l'estime, c'est-à-dire une reconnaissance intérieure de la supériorité de quelqu'un.

Contre l'exigence de respects indus, liés à l'abus de la condition de Grand, Pascal distingue les respects qu'il est juste de leur témoigner. Aux grandeurs d'établissement sont dus les respects d'établissement qui sont des « cérémonies extérieures ». Il convient par exemple de « parler aux rois à genoux », ou encore de « se tenir debout dans la chambre des princes ». Le respect se marque physiquement (il faut s'incommoder), il plie les corps et soumet les âmes ; il produit en quelque sorte la grandeur elle-même en la rendant visible. Cette production s'opère par un mécanisme de projection ou de déplacement qui fait coïncider les signes avec la grandeur elle-même : on s'accoutume à identifier les gardes et les tambours au roi lui-même. Le respect extérieur est un élément matériel du fonctionnement du pouvoir.

Alors que respecter les Grands, c'est respecter leur place dans l'ordre social et non leur personne, l'estime est la manifestation d'une admiration sincère, la reconnaissance d'une supériorité réelle. On comprend pourquoi l'estime est si souvent exigée de manière illégitime, et si souvent prise dans un jeu social qui confère les honneurs aux savants. Toutefois, l'estime n'est due qu'aux grandeurs naturelles véritables : « Il n'est pas nécessaire, parce que vous êtes duc, que je vous estime, mais il est nécessaire que je vous salue. Si vous êtes duc et honnête homme, je rendrai ce que je dois à l'une et à l'autre de ces qualités. » La justice consiste à rendre à chaque qualité ce qui lui revient.

2. *L'injustice*

L'injustice prend diverses formes qui s'enracinent toutes dans la confusion entre grandeurs naturelles et grandeurs d'établissement. Il est injuste d'« attacher les respects naturels aux grandeurs d'établissement », d'« exiger les respects d'établissement pour les grandeurs naturelles » et d'exiger de l'estime pour une grandeur établie. Pascal le montre par l'exemple du géomètre, estimable en vertu des qualités réelles de son esprit, mais ne pouvant prétendre à un respect extérieur (« Je passerai donc devant lui »). Il redouble cet exemple avec celui du duc et pair, exigeant l'estime et non le seul respect extérieur qui lui est dû (« se tenir découvert devant lui »). S'il témoigne de qualités réelles, on l'estimera en plus de le respecter, mais si ce n'est pas le cas, on éprouvera de l'aversion pour lui tout en le saluant. On constate que la définition de la justice comme rapport de chaque qualité à son ordre permet de protéger la liberté des sujets : on ne peut extorquer le respect ni l'estime (« vous n'y réussiriez pas »).

Ces parcours de la justice et de l'injustice révèlent finalement trois points de vue : celui du peuple, celui du demi-habile et celui de l'habile, qui doivent se comprendre selon une « gradation » :

« Raison des effets.

« Gradation. Le peuple honore les personnes de grande naissance ; les demi-habiles les méprisent disant que la naissance n'est pas un avantage de la personne mais du hasard. Les habiles les honorent, non par la pensée du peuple, mais par la pensée de derrière. Les dévots qui ont plus de zèle que de science les méprisent malgré cette considération qui les fait honorer par les habiles, parce qu'ils en jugent par une nouvelle lumière que la piété leur donne, mais les chrétiens parfaits les honorent par une autre lumière supérieure.

« Ainsi se vont les opinions succédantes du pour au contre selon qu'on a de lumière » (83).

Tout d'abord, le peuple est injuste et excessif en ce qu'il estime les Grands pour leurs seules grandeurs établies en croyant qu'elles sont naturelles, accordant plus que la simple cérémonie extérieure exigée par l'institution. Sa position, qui a l'apparence d'une erreur, produit une vérité qui n'est pas en son juste lieu : « Il est donc vrai de dire que tout le monde est dans l'illusion car encore que les opinions du peuple soient saines, elles ne le sont pas dans sa tête, car il pense que la vérité est où elle n'est pas. La vérité est bien dans leurs opinions, mais non pas au point où ils se figurent » (85). Il y a un point de vue qui donne la « raison des effets » (cette notion provient de la physique expérimentale), c'est-à-dire la cause mais aussi la justification des conduites qui paraissent déraisonnables : courir après un lièvre tout le jour ou « s'offenser pour avoir reçu un soufflet » (93). Le peuple a tort théoriquement, mais les effets réels, produits mécaniquement, sont justes, de sorte que le peuple est raisonnable à sa manière, dans sa déraison même. Les opinions du peuple sont donc à la fois « vaines » et « très saines », « toutes ces vanités étant très bien fondées ». On voit du même coup la dissymétrie entre l'erreur du peuple et le défaut du Grand. Le point de vue du Grand est injuste en ce qu'il exige une estime qui ne lui est pas due. Il est tyrannique lorsqu'il exige d'avoir par une voie ce qu'il ne peut avoir que par une autre (54) et veut régner partout. La tyrannie extorquant les respects, désir de l'homogène, révèle négativement la véritable justice, respect de l'hétérogénéité.

Le point de vue du demi-habile, ensuite, que l'on pourrait trouver justifié dans son effort pour éviter l'hypocrisie, est tronqué : il sait distinguer l'ordre social et l'ordre naturel et refuse d'estimer les Grands, ce qui détruit l'opinion du peuple. Mais il est injuste et sot en ce qu'il refuse au rang social les marques extérieures de respect. Il lui manque la « reconnaissance intérieure de la justice » de l'ordre établi, malgré sa contingence. Le maintien de la hiérarchie est juste et nécessaire pour éviter la guerre.

Il faut dès lors revenir à l'opinion du peuple, mais en remettant la vérité où elle doit être. C'est le point de vue de l'habile, qui retrouve l'opinion du peuple (il « parle comme le peuple ») en détruisant l'opinion du demi-habile. Il remet l'opinion du peuple à sa place, en sachant où elle vaut (en sachant avec le demi-habile que la grandeur établie n'est pas naturelle). Ce qui est croyance et erreur de la part du peuple, est raisonnable pour l'habile, par sa double pensée. Figure de la mobilité de la pensée, l'habile fait se toucher les extrêmes et trouve le point de vue depuis lequel les opinions du peuple sont vraies. Il honore les Grands avec cette arrière-pensée qui sait que la naissance n'est « pas un avantage de la personne ». La gradation des opinions n'est pas un simple renversement, c'est une rectification qui intègre les acquis du pour puis du contre, pour aboutir au pour en sachant le contre. La vérité saisie par l'habile, c'est que l'erreur du peuple est nécessaire. Il est raisonnable de « distinguer les hommes par le dehors, comme par la noblesse ou le bien », parce qu'il faut poser un point fixe lorsqu'on ne peut connaître la vérité : une erreur commune « fixe l'esprit des hommes » (628). La croyance dans le pouvoir, comprise dans ses effets, est nécessaire pour maintenir l'ordre.

Mais l'habileté ne sera pas le dernier mot de la justice. Retrouver le point de vue du peuple en relativisant l'ordre du pouvoir et de la chair par le détour dans l'ordre de l'esprit, en abaisser la prétention tout en le respectant, en mesurer en même temps la vanité et la vérité, tout cela n'est qu'un pas. La gradation se prolonge avec le point de vue du chrétien et le passage à l'ordre de la charité. Le dévot, qui voudrait conformer la politique à la chrétienté, reproduit l'erreur du demi-habile, en refusant de prendre en compte l'ordre de la chair et de l'esprit dans leurs effets, et en l'annulant du point de vue de l'ordre supérieur de la foi. Le point de vue du chrétien saisit seul les rapports de convenance au sein des ordres, et les relativise depuis l'ordre de la foi.

3. *L'imagination*

L'imagination est un élément essentiel de la réflexion pascalienne. Elle n'est pas simplement pour Pascal cette faculté de se représenter les choses de manière sensible, de se rendre présent ce qui est absent, qui entre en conflit avec l'entendement, comme elle l'est pour la philosophie classique. Selon la conception classique, l'imagination permet de se figurer des objets de manière limitée, que seul l'entendement peut concevoir. Dans la cinquième des *Méditations métaphysiques*, Descartes prend l'exemple du chiliogone, polygone à mille côtés, pour montrer la supériorité des idées claires et distinctes de l'entendement sur l'imagination : il peut concevoir ce que l'imagination ne peut se représenter. On pourrait penser que Pascal va dans ce sens, lorsqu'il caractérise l'imagination comme une puissance trompeuse. Mais pour lui, l'imagination est bien une « puissance » plutôt qu'une faculté. Elle n'est pas l'indice du vrai, mais elle n'est pas non plus l'indice du faux : « C'est cette partie dominante dans l'homme, cette maîtresse d'erreur et de fausseté, et d'autant plus fourbe qu'elle ne l'est pas toujours, car elle serait règle infaillible de vérité si elle l'était infaillible du mensonge. Mais étant le plus souvent fausse, elle ne donne aucune marque de sa qualité, marquant du même caractère le vrai et le faux » (41). L'intérêt de l'imagination dépasse le rapport à la vérité et à la fausseté. Elle est productrice d'effets et, dans le cadre de l'anthropologie pascalienne d'après la chute, elle est une puissance de présentation des objets de substitution qui viennent combler le manque.

Ainsi, l'imagination produit l'ordre des signes sur lesquels se porte le désir. Elle régit également l'ordre social, c'est elle qui « fait » les grandeurs d'établissement : « Qui dispense la réputation, qui donne le respect et la vénération aux personnes, aux ouvrages, aux lois, aux grands, sinon cette faculté imaginante ? Toutes les richesses de la terre insuffisantes sans son consentement. »

L'imagination fixe les valeurs et donne le prix aux choses. Ce faisant, elle les ordonne en inversant leur juste hiérarchie (elle « grossit les petits objets jusqu'à en remplir notre âme […] elle amoindrit les grands jusqu'à sa mesure », 475). Parce qu'elle renverse les rapports, l'imagination pervertit les autres facultés, la sensibilité, l'entendement, la volonté et le cœur : « Elle fait croire, douter, nier la raison. Elle suspend les sens et les fait sentir » (41). Elle produit des déplacements et des projections. Par l'imagination, nous nous prenons pour le centre, nous nous projetons là où nous ne sommes pas. Par elle encore, nous projetons des idées sur les objets. C'est ce mécanisme de l'imagination qui construit le moi aussi bien que le monde social, ces réalités imaginaires.

Mais l'erreur du peuple, qui croit à ces puissances trompeuses, est nécessaire : « Voilà à peu près les effets de cette faculté trompeuse qui semble nous être donnée exprès pour nous induire à une erreur nécessaire. » L'imagination, productrice d'erreur au même titre que les préjugés ou les maladies, fournit un point fixe lorsque tout branle, et contribue à régler la vie des hommes. Si le point de vue du peuple est vrai, c'est que l'imagination a sa vérité. À ce titre, la réflexion de Pascal rejoint celle de Spinoza, dans leur commune prise en compte des connaissances imparfaites et de l'ordre des signes, qui ont leur vérité en un certain lieu.

Pascal met en œuvre l'imagination dans les *Pensées*, par des fictions qui sont autant d'« expériences de pensée ». On pense à l'expérience de la perte de gravité du sénateur ou celle du philosophe sur sa planche, qui montrent en acte les effets de cette puissance trompeuse. Il arrive que Pascal retouche ses fictions par d'autres traits imaginaires :

c'est que les effets peuvent se défaire, et que l'imagination est véritablement un opérateur de conversion. L'imagination vaut dans l'ordre de la pensée comme dans l'ordre social et rend possible la variation des points de vue.

3.

Comment un prince doit-il gouverner ?

Dans le troisième discours, Pascal revient à la question posée dans la parabole, la connaissance de la condition de Grand, « Qu'est-ce à votre avis d'être grand seigneur ? », pour s'intéresser au mécanisme de la concupiscence qui attache les hommes aux Grands. Il énonce ensuite une série de prescriptions morales sur le bon usage de la grandeur et définit ce que doit être un juste gouvernement. Pour cela, il oppose l'ordre sociopolitique et l'ordre de la charité.

1. *Le pouvoir du Grand et la concupiscence*

« Être grand seigneur », c'est « être maître de plusieurs objets de la concupiscence des hommes, et ainsi pouvoir satisfaire aux besoins et aux désirs de plusieurs », telle est la condition véritable du Grand. Le pouvoir du Grand s'alimente au désir des sujets : non plus au désir d'assujettissement, mais au désir des biens dont les hommes veulent « obtenir quelque part » et au désir du pouvoir. La chair et l'orgueil sont deux formes de la concupiscence. Les marques de respect, les services et les déférences, ces « cordes » qui « attachent » les hommes au Grand et les « attirent » auprès de lui, tiennent aux « besoins » et aux « désirs ». On retrouve la critique classique de la courtisanerie. Il s'agit moins d'une condamnation que d'une description du mécanisme du pouvoir : ce qui fait la « force » du Grand, c'est la concupiscence des hommes. Elle est

l'étoffe du pouvoir, le liant qui «fait [les actions] volontaires» (90), en quoi elle s'oppose à la force qui fait les
involontaires.

Le Grand doit savoir que les courtisans sont attirés par
cette richesse, et que cela dicte leur conduite. Il doit
connaître son pouvoir, celui de satisfaire les désirs des
hommes. Le conseil qui s'ensuit, sous la forme d'une prescription morale, est de contenter le peuple : «Ne prétendez donc point les dominer par la force, ni les traiter avec
dureté. Contentez leurs justes désirs, soulagez leurs nécessités, mettez votre plaisir à être bienfaisant, avancez-les
autant que vous le pourrez, et vous agirez en vrai roi de
concupiscence. » Il faut mettre ses richesses au service des
hommes. Cette prescription entend corriger le comportement déréglé de celui qui a oublié sa condition naturelle,
décrit à la fin du premier discours. La juste connaissance
de sa condition («Ce n'est point votre force et votre puissance naturelle qui vous assujettit toutes ces personnes»)
permet de fonder la juste conduite du Grand. Le bon gouvernement exclut la tyrannie comme l'indique l'avertisse-
ment de Pascal : «Ne prétendez pas régner par une autre
voie que par celle qui vous fait roi. »

La prescription morale d'une juste conduite est limitée :
elle permet au Grand d'être «honnête homme», mais ne
l'empêchera pas de se perdre. Le gouvernement modéré,
qui exclut l'avarice, les débauches, la violence, n'est qu'un
honnête moyen adéquat dans son ordre, mais il ne permet
pas le salut. La voie ouverte pour le salut, celle de la charité, est donnée après une comparaison entre le royaume
de la charité et celui de la concupiscence. Pascal avertit le
prince que la damnation (le fait de perdre son âme en
débauches ou en violences) est toujours une folie. Mais
même en répondant aux désirs des sujets, le Grand se per-
dra, car la vraie justice serait de mépriser la concupiscence.
Le juste gouvernement n'est qu'un moindre mal.

2. *Royaume de la concupiscence et royaume de la charité*

Pascal définit Dieu comme étant le roi de la charité, environné de gens « qui lui demandent les biens de la charité qui sont en sa puissance ». Et il définit par analogie le Grand comme « roi de concupiscence », avec son royaume « de peu d'étendue », « égal en cela aux plus grands rois de la terre ». Le pouvoir que le Grand a sur son royaume ne tient pas à la charité, à la recherche d'un bien immatériel, mais à la concupiscence. Ce n'est pas la piété qui attache les hommes au roi, mais le désir de richesses et de pouvoir, ce qui est dérisoire par rapport à Dieu et le roi doit le savoir. Il y a là une critique de l'abaissement du Grand, qui n'est maître que des biens de ce monde, et n'est grand que par l'abondance matérielle. Il est important de souligner que Pascal ne distingue pas les Grands et le roi ; il considère donc la fonction royale comme étant elle aussi enracinée dans la concupiscence.

La prescription morale se double d'une prescription religieuse, ce qui précise les enjeux de la comparaison des royaumes de la concupiscence et de la charité. « Il faut mépriser la concupiscence et son royaume, et aspirer à ce royaume de charité où tous les sujets ne respirent que la charité et ne désirent que les biens de la charité. » Après avoir indiqué ce qui est juste dans l'ordre de la chair, il faut relativiser cet ordre, et s'en détacher. L'ordre de la concupiscence ne peut fournir un objet adéquat au désir infini de l'homme. Il faut donc se tourner vers Dieu, défaire les liens de la cupidité par ceux de la grâce, se libérer des liens charnels. Le point de vue du chrétien qui aspire à la charité est supérieur à celui de l'habile : la véritable justice, tout en respectant les grandeurs sociales, les replace dans leur ordre, incommensurable à celui de la foi. Pascal ne délivre que quelques indications : « D'autres que moi vous en diront le chemin. » Il faut s'en remettre aux religieux, à l'ordre du cœur et de la foi. La voie ouverte par Pascal ici demeure négative (se détourner « de ces vies brutales »), mais elle renvoie implicitement au fait de « se tourner vers Dieu » : il est nécessaire qu'il y ait une conversion, comme l'indiquent les *Pensées*. La dimension apologétique de la pensée pascalienne implique que le salut de l'homme déchu par le péché dépend de la grâce de Dieu. De la cité terrestre dont les mécanismes ont été explorés, le vrai juste doit se détourner : c'est là une exigence religieuse, mais elle a aussi une valeur politique en évitant la tyrannie qui consisterait à s'imposer hors de son ordre propre, dans l'ordre politique.

Groupement de textes

La grandeur

LA GRANDEUR EST L'IMPORTANCE SOCIALE conférée par une position, un titre ou un rang. Elle implique
une considération proportionnelle à la valeur de la situation dans l'ordre social et se mesure à ses effets. Les textes
rassemblés ici montrent que la grandeur dépasse le statut
des Grands : elle engage un questionnement sur la condition humaine que l'on trouve déjà chez Pascal.

On peut dégager deux axes de réflexion. Le premier axe
est celui des œuvres littéraires : en décrivant la conduite
des Grands, elles explorent les rapports entre les hommes
dans l'ordre hiérarchique. La Bruyère, dans les *Caractères*
(texte 1), pointe le décalage entre les Grands et le peuple
pour mettre au jour une certaine « folie des grandeurs » et
dénoncer la vanité des Grands. Beaumarchais, dans *Le
Mariage de Figaro* (texte 2), oppose aux privilèges de la naissance le mérite personnel. Il s'agit dans ces textes de cri-
tiquer la grandeur en se référant à des qualités d'esprit ou
de vertu communes à l'humanité par-delà la naissance.
L'approche psychanalytique de Freud (texte 3) saisit de
son côté la présence du désir de grandeur au cœur de l'in-
conscient.

Le second axe nous conduit à penser la résurgence de
la grandeur dans l'égalité démocratique elle-même. La
grandeur sociale n'est pas réservée à l'Ancien Régime et à
l'ordre des privilèges. Les transformations sociales, l'égali-
sation et l'individualisation dont Tocqueville (texte 4) est
le témoin engagent à repenser les rapports entre grands et

petits, maîtres et serviteurs. La sociologie actualise la problématique de la grandeur, redéfinie par Luc Boltanski et
Laurent Thévenot (texte 5) comme un ensemble de principes et de valeurs par lesquels les acteurs sociaux définis-
sent leur statut, fondent leur prétention à la justice et
demandent à être reconnus.

1.

Jean de LA BRUYÈRE (1645-1696)

Les Caractères, « Des Grands » (1688)

(Folioplus classiques n° 24)

La Bruyère fait paraître Les Caractères ou les Mœurs de ce
siècle *en mars 1688, et recueille un succès immédiat. L'ouvrage
a été longuement mûri, et mis en forme au moment où La Bruyère
était sous-précepteur du duc de Bourbon, petit-fils du Grand
Condé, qu'il a suivi à Chantilly, à la cour et au palais du Luxem-
bourg entre 1684 et 1687. Les pointes satiriques et l'acuité psy-
chologique sont issues de l'observation durable de la conduite des
Grands et de la vanité de leurs mœurs. Le texte au style très élé-
gant contient des maximes et des portraits, des dialogues et des dis-
sertations. La Bruyère saisit les hommes en société, dans leurs
relations quotidiennes, à travers différents thèmes : la ville, les
femmes, les biens, la conversation.*

*La critique de la grandeur n'est pas radicale : La Bruyère est
un monarchiste qui croit en un roi chrétien gouvernant des
hommes vertueux (le souverain est distingué des Grands). Mais il
considère que la véritable grandeur n'est possédée que par Dieu et
non par l'homme. Le texte dénonce les injustices de l'ordre social
et revendique la possibilité de s'imposer par le seul mérite de son
esprit.*

*Lorsqu'il dépeint l'ordre social, La Bruyère montre la complé-
mentarité entre les grands et les petits : les serviteurs eux-mêmes
participent à la grandeur, ils se jugent en fonction de l'élévation*

*des gens qu'ils servent. La hiérarchie sociale est bien cimentée par
les deux parties. Un des aspects du texte choisi est le fait que les
Grands, tout occupés par leurs possessions matérielles et leur pres-
tige, maltraitent les serviteurs. La Bruyère insiste dans une veine
pascalienne sur la cécité des Grands à l'égard des valeurs véritables, que les serviteurs peuvent posséder. Il fait valoir l'esprit
contre la grandeur sociale, puis le cœur et la vertu des gens de bien
contre la grandeur et l'esprit.*

3. L'avantage des grands sur les autres hommes est
immense par un endroit : je leur cède leur bonne chère,
leurs riches ameublements, leurs chiens, leurs chevaux,
leurs singes, leurs nains, leurs fous et leurs flatteurs ; mais
je leur envie le bonheur d'avoir à leur service des gens qui
les égalent par le cœur et par l'esprit, et qui les passent
quelquefois.

4. Les grands se piquent d'ouvrir une allée dans une
forêt, de soutenir des terres par de longues murailles, de
dorer des plafonds, de faire venir dix pouces d'eau, de
meubler une orangerie ; mais de rendre un cœur content,
de combler une âme de joie, de prévenir d'extrêmes
besoins ou d'y remédier, leur curiosité ne s'étend point
jusque-là.

5. On demande si en comparant ensemble les différentes
conditions des hommes, leurs peines, leurs avantages, on
n'y remarquerait pas un mélange ou une espèce de com-
pensation de bien et de mal, qui établirait entre elles
l'égalité, ou qui ferait du moins que l'un ne serait guère
plus désirable que l'autre. Celui qui est puissant, riche, et
à qui il ne manque rien, peut former cette question ; mais
il faut que ce soit un homme pauvre qui la décide.

Il ne laisse pas d'y avoir comme un charme attaché à cha-
cune des différentes conditions, et qui y demeure jusques
à ce que la misère l'en ait ôté. Ainsi les grands se plaisent
dans l'excès, et les petits aiment la modération ; ceux-là
ont le goût de dominer et de commander, et ceux-ci sentent du plaisir et même de la vanité à les servir et à leur
obéir ; les grands sont entourés, salués, respectés ; les
petits entourent, saluent, se prosternent ; et tous sont
contents.

6. Il coûte si peu aux grands à ne donner que des paroles,
et leur condition les dispense si fort de tenir les belles pro-

messes qu'ils vous ont faites, que c'est modestie à eux de ne promettre pas encore plus largement.

7. « Il est vieux et usé, dit un grand ; il s'est crevé à me suivre : qu'en faire ? » Un autre, plus jeune, enlève ses espérances, et obtient le poste qu'on ne refuse à ce malheureux que parce qu'il l'a trop mérité.

(Chapitre IX.)

2.

Pierre-Augustin CARON DE BEAUMARCHAIS (1732-1799)

Le Mariage de Figaro ou la Folle Journée (1784)

(La bibliothèque Gallimard n° 28)

Beaumarchais est un ancien horloger, devenu homme d'affaires et homme de lettres. Le Mariage de Figaro, *représenté en 1784, est la partie centrale d'une trilogie débutée avec* Le Barbier de Séville ou la Précaution inutile *donné en 1775, et terminée par* L'Autre Tartuffe ou la Mère coupable *en 1792. Son propos, indiqué dans la préface, est de « faire échouer dans son dessein un maître absolu que son rang, sa fortune et sa prodigalité rendent tout-puissant pour l'accomplir ».*

Dans Le Barbier de Séville, *le comte Almaviva parvient à épouser Rosine, avec l'aide de son ancien valet Figaro et en dépit du tuteur Bartholo.* Le Mariage de Figaro *se situe trois ans plus tard, au château d'Aguas-Frescas où demeurent le comte et Rosine, le jour du mariage de Figaro avec la camériste Suzanne. Au cœur de l'intrigue se joue une scène de reconnaissance : Figaro, qui sait être un enfant volé, retrouve ses parents en Marceline et Bartholo grâce à une marque au fer que son père lui avait faite. L'intrigue est constituée par ailleurs des relations croisées entre le comte et la comtesse et leurs domestiques, Figaro et Suzanne. Le comte veut séduire Suzanne qui lui résiste ; Figaro, qui a emprunté de l'argent à Marceline, s'est engagé à la rembourser ou à l'épouser, alors qu'il est son fils mais que tous deux l'ignorent. Les personnages poursuivent leurs projets, tout en encourageant ceux des autres*

*lorsqu'ils leur sont utiles. Pendant son mariage avec Figaro
(acte IV), Suzanne a donné rendez-vous au comte. Elle entend en
réalité favoriser les intérêts de la comtesse, qui arrive déguisée en
Suzanne. Dans notre scène, Figaro attend Suzanne qu'il sait être
avec le comte. Dans ces affaires entremêlées, la question de la transgression des barrières sociales entre Grands et domestiques se double
de la question de la transgression incestueuse. Le sujet tragique
est traité avec des personnages comiques. La critique de la noblesse
est sous-tendue par une analyse des conflits entre les classes et entre
les sexes. Dans le texte choisi, Figaro prône le mérite personnel et
dénonce les privilèges de la naissance. La pièce, dans laquelle
« tout finit en chansons », critique l'organisation sociale fondée
sur ces privilèges.*

FIGARO, *du ton le plus sombre* : Ô femme ! femme ! femme !
créature faible et décevante !… nul animal[1] créé ne peut
manquer à son instinct : le tien est-il donc de tromper ?…
Après m'avoir obstinément refusé quand je l'en pressais
devant sa maîtresse ; à l'instant qu'elle me donne sa
parole, au milieu même de la cérémonie… Il riait en
lisant, le perfide ! et moi comme un benêt !… Non, monsieur le Comte, vous ne l'aurez pas… vous ne l'aurez pas.
Parce que vous êtes un grand seigneur, vous vous croyez
un grand génie !… Noblesse, fortune, un rang, des places,
tout cela rend si fier ! Qu'avez-vous fait pour tant de
biens ? Vous vous êtes donné la peine de naître, et rien de
plus. Du reste, homme assez ordinaire ; tandis que moi,
morbleu ! perdu dans la foule obscure, il m'a fallu
déployer plus de science et de calculs, pour subsister seulement, qu'on n'en a mis depuis cent ans à gouverner
toutes les Espagnes : et vous voulez jouter… On vient…
c'est elle… ce n'est personne. — La nuit est noire en
diable, et me voilà faisant le sot métier de mari, quoique
je ne le sois qu'à moitié ! *(Il s'assied sur un banc.)* Est-il rien
de plus bizarre que ma destinée ? Fils de je ne sais pas qui,
volé par des bandits, élevé dans leurs mœurs, je m'en
dégoûte et veux courir une carrière honnête ; et partout
je suis repoussé ! J'apprends la chimie, la pharmacie, la
chirurgie, et tout le crédit d'un grand seigneur peut à

---

1. « Animal » : tout être vivant.

peine me mettre à la main une lancette vétérinaire[1]! —
Las d'attrister des bêtes malades, et pour faire un métier
contraire, je me jette à corps perdu dans le théâtre […].
Un grand seigneur passe à Séville; il me reconnaît, je le
marie[2]; et pour prix d'avoir eu par mes soins son épouse,
il veut intercepter la mienne! Intrigue, orage à ce sujet.
Prêt à tomber dans un abîme, au moment d'épouser ma
mère, mes parents m'arrivent à la file. *(Il se lève en s'échauf-
fant.)* On se débat, c'est vous, c'est lui, c'est moi, c'est toi,
non, ce n'est pas nous; eh! mais qui donc? *(Il retombe
assis.)* Ô bizarre suite d'événements! Comment cela
m'est-il arrivé? Pourquoi ces choses et non pas d'autres?
Qui les a fixées sur ma tête?

(Acte V, scène 3.)

3.

Sigmund FREUD (1856-1939)

« Le roman familial du névrosé »,
Névrose, psychose et perversion (1909)

(trad. de Jean Laplanche, PUF)

*Dans « Le roman familial du névrosé » (1909), Freud analyse
le processus nécessaire de détachement de l'enfant à l'égard de l'autorité de ses parents. L'enfant a le désir de devenir grand comme
son père et sa mère et relativise leur autorité par des critiques, notamment grâce à une comparaison avec d'autres parents. Mais ce qui
est à l'œuvre dans ce détachement, ce sont des motions de rivalité
sexuelle, qui donnent à l'enfant le sentiment d'être écarté, de ne pas
être payé en retour de ses sentiments. L'idée dont on se souvient
consciemment, c'est d'être l'enfant d'un autre lit. Le roman familial du névrosé est l'activité fantasmatique qui vise à modifier le
lien réel avec les parents, notamment sous la pression du complexe
d'Œdipe. Le plus souvent, il s'agit de se débarrasser des parents
désormais dédaignés, et de leur en substituer d'autres d'un rang*

---

1. Instrument de chirurgie.
2. Il s'agit de l'intrigue du *Barbier de Séville*.

social plus élevé. Le roman familial permet d'exalter certains aspects des parents et d'en rabaisser d'autres, sous la pression des rivalités sexuelles : il peut s'agir du fantasme d'être le seul enfant légitime dans la rivalité avec les frères et sœurs, ou de contourner fantasmatiquement l'interdit de l'inceste. Il concerne encore les enfants qui ont été punis par leurs parents pour leur faire perdre des mauvaises habitudes sexuelles, et prend le sens d'une vengeance fantasmée dans laquelle l'enfant dépouille ses parents de leurs privilèges. Le roman familial exprime ainsi un désir de grandeur.

Freud a appliqué les analyses menées sur le roman familial du névrosé aux contes et aux mythes. En s'appuyant sur les théories de son confrère Otto Rank, il montre que les deux familles qui structurent les contes, famille de haut rang où l'enfant naît, souvent de sang royal, et famille de condition modeste ou déchue, où l'enfant grandit, dont le contraste ouvre au mythe et accentue la nature héroïque de l'enfant, sont en réalité deux reflets de la famille réelle, telle qu'elle apparaît à l'enfant à deux époques successives de l'existence. Dans L'Homme Moïse et la religion monothéiste, *Freud utilise les acquis de cette analyse au service de l'idée selon laquelle Moïse est un Égyptien, puisque, dans le cas de Moïse, les deux familles sont inversées. La première famille, d'ordinaire de haut rang, est ici une famille de basse condition : Moïse est le fils de lévites juifs. Cette première famille serait alors selon Freud la famille inventée. La seconde famille, normalement de basse condition, est dans le cas de Moïse la maison royale d'Égypte ; elle serait par conséquent la famille réelle. Selon les conclusions de Freud, Moïse aurait été un Égyptien de haut rang dont la légende a fait un Juif.*

> Dans cette évolution où le sujet a commencé à devenir étranger à ses parents, le stade ultérieur peut être désigné du terme de *romans familiaux des névrosés* ; ce stade, rarement remémoré consciemment, doit presque toujours être mis en évidence par la psychanalyse. Une activité fantasmatique particulièrement importante est en effet inhérente à la nature de la névrose ainsi qu'à celle de toute personnalité supérieurement douée ; cette activité se manifeste tout d'abord dans les jeux de l'enfance, pour s'emparer ensuite, à partir environ de l'époque prépubertaire,

du thème des relations familiales. Un exemple caractéristique de cette particulière activité fantasmatique est ce qu'on connaît bien sous le nom de *rêve diurne*[1], qui continue à exister bien au-delà de la puberté. Une observation précise de ces rêves diurnes nous enseigne qu'ils servent à accomplir des désirs, à corriger l'existence telle qu'elle est, et qu'ils visent principalement deux buts, érotique et ambitieux (mais derrière celui-ci se cache aussi, le plus souvent, le but érotique). Or à l'époque en question, l'activité fantasmatique prend pour tâche de se débarrasser des parents, désormais dédaignés, et de leur en substituer d'autres, en général d'un rang social plus élevé. Dans ce processus est mise à profit la survenue fortuite d'expériences réellement vécues (à la campagne, la rencontre du châtelain ou du propriétaire terrien, à la ville, celle du personnage princier). De telles expériences fortuites éveillent l'envie de l'enfant qui s'exprime alors dans un fantasme où les deux parents se trouvent remplacés par d'autres, plus distingués. Dans la technique de production de ces fantasmes, qui naturellement sont conscients à cette époque, tout dépend de l'ingéniosité de l'enfant et du matériel dont il dispose. Ce qui rentre en ligne de compte, c'est le plus ou moins grand effort d'élaboration nécessaire pour que les fantasmes atteignent à la vraisemblance. Ce stade est atteint à un moment où l'enfant n'a pas encore la connaissance des conditions sexuelles de la venue au monde.

4.

Alexis de TOCQUEVILLE (1805-1859)

De la démocratie en Amérique (1840)

(Folio histoire n° 13)

Tocqueville, dans la première partie de son ouvrage De la démocratie en Amérique, *analyse les lois et les mœurs politiques qui se développent avec l'avènement de la démocratie et de*

---

1. Freud renvoie à son texte « Les fantasmes hystériques et leur relation à la bisexualité ».

l'égalité entre les hommes. Il s'attache dans la seconde partie au fait que la démocratie a « détruit ou modifié des rapports qui existaient jadis, et en a établi de nouveaux ». Tocqueville se défend d'avoir voulu trouver dans l'égalité la cause de tous les maux et reconnaît qu'elle promet des biens aux hommes ; son propos est toutefois de « signaler de loin les périls dont elle menace » les hommes. Il considère que le mouvement vers l'égalité des conditions est inéluctable, et analyse la manière dont ce mouvement se répercute selon les pays et les institutions. Selon lui, en Angleterre, les Grands ont conservé un pouvoir politique en s'alliant avec le peuple contre le roi, tandis qu'en France l'aristocratie a perdu son pouvoir et n'a gardé que ses privilèges. La confrontation entre la nation démocratique que sont les États-Unis, ayant conquis leur indépendance, et l'Angleterre remet en cause l'idée courante à l'époque selon laquelle l'Angleterre serait le pays du libéralisme. Pour Tocqueville, elle est restée un pays profondément aristocratique.

Le texte propose une comparaison entre la domesticité en Angleterre et en Amérique, c'est-à-dire entre la hiérarchie sociale d'une monarchie et l'égalité des conditions dans une démocratie. Il s'efforce de saisir ce que devient la grandeur dans l'égalitarisme. Si être grand est le fait d'occuper une place par les privilèges de la naissance, la grandeur n'a jamais existé en Amérique, où la richesse ne donne aucun droit particulier à celui qui la possède. Tocqueville oppose les rapports hiérarchiques et aristocratiques en Angleterre (qui supposent l'existence de ce qu'on peut appeler des castes) aux rapports de commandement et d'obéissance qui se maintiennent au sein d'une égalité de conditions, dans des classes. En Angleterre, la distinction des Grands et des serviteurs s'opère à partir d'une commune participation à la hiérarchie. Le serviteur « se pare avec complaisance des richesses de ceux qui lui commandent », il « se repaît sans cesse d'une grandeur empruntée ». En Amérique, ce qui prime est la mobilité et l'interchangeabilité des hommes qui prennent la condition de serviteur. Tocqueville redéfinit la grandeur à partir du double point de vue des maîtres et des valets, en constatant la fin de la paradoxale « aristocratie des serviteurs ».

Aux États-Unis, je n'ai vu personne qui lui ressemblât [à l'un de ces vieux serviteurs de l'aristocratie]. Non seulement les Américains ne connaissent point l'homme dont il s'agit, mais on a grand-peine à leur en faire comprendre l'existence. Ils ne trouvent guère moins de difficulté à le concevoir que nous n'en avons nous-mêmes à imaginer ce qu'était un esclave chez les Romains, ou un serf au Moyen Âge. Tous ces hommes sont en effet, quoique à des degrés différents, les produits d'une même cause. Ils reculent ensemble loin de nos regards et fuient chaque jour dans l'obscurité du passé avec l'état social qui les a fait naître.

L'égalité des conditions fait, du serviteur et du maître, des êtres nouveaux, et établit entre eux de nouveaux rapports.

Lorsque les conditions sont presque égales, les hommes changent sans cesse de place ; il y a encore une classe de valets et une classe de maîtres ; mais ce ne sont pas toujours les mêmes individus, ni surtout les mêmes familles qui les composent ; et il n'y a pas plus de perpétuité dans le commandement que dans l'obéissance.

Les serviteurs ne formant point un peuple à part, ils n'ont point d'usages, de préjugés ni de mœurs qui leur soient propres ; on ne remarque pas parmi eux un certain tour d'esprit ni une façon particulière de sentir ; ils ne connaissent ni vices ni vertus d'état, mais ils partagent les lumières, les idées, les sentiments, les vertus et les vices de leurs contemporains ; et ils sont honnêtes ou fripons de la même manière que les maîtres.

Les conditions ne sont pas moins égales parmi les serviteurs que parmi les maîtres.

Comme on ne trouve point, dans la classe des serviteurs, de rangs marqués ni de hiérarchie permanente, il ne faut pas s'attendre à y rencontrer la bassesse et la grandeur qui se font voir dans les aristocraties de valets aussi bien que dans toutes les autres.

Je n'ai jamais vu aux États-Unis rien qui pût me rappeler l'idée du serviteur d'élite, dont en Europe nous avons conservé le souvenir ; mais je n'y ai point trouvé non plus l'idée du laquais. La trace de l'un comme de l'autre y est perdue.

(Livre II, 3ᵉ partie, chap. 5.)

5.

Luc BOLTANSKI et Laurent THÉVENOT

De la justification.
Les économies de la grandeur (1991)

(Gallimard, NRF essais)

Boltanski et Thévenot, dans De la justification, *s'interrogent sur la manière dont les acteurs sociaux procèdent lorsqu'ils justifient leur position sociale ou évaluent celle des autres, et sur la manière dont ils utilisent et corrigent les classifications sociologiques. Dans les situations de dispute ou de conflit, appelées les « épreuves », les acteurs font apparaître des injustices : c'est dans le jugement que se dévoile le sens de la justice. L'exemple du repas, dans* Le Nouvel Esprit du capitalisme *(Luc Boltanski et Ève Chiapello, NRF essais, 1999), montre la façon dont la grandeur est redéfinie : le problème consistant à distribuer la nourriture entre les personnes présentes suppose un accord sur la grandeur relative des personnes mises en valeur par l'ordre de service. La grandeur désigne alors « une qualité des êtres qui se révèle dans des épreuves dont la mise en œuvre repose sur la catégorisation ».*

Dans le chapitre VII d'où est extrait notre texte, « Le conflit des mondes et la remise en cause du jugement », Boltanski et Thévenot se demandent si les jugements des personnes qui relèvent de mondes différents peuvent converger. L'enjeu est de désolidariser le jugement de son ancrage dans une classe sociale figée, et par conséquent de s'écarter de la perspective bourdieusienne en sociologie. Il faut penser comment les hommes construisent un bien commun, une commune humanité, à laquelle ils se réfèrent dans leurs évaluations. Selon la sociologie de la justification, les conduites humaines ne se réduisent ni à des décisions de la raison ni à des raisons méconnues des acteurs ; les acteurs font un continuel va-et-vient entre réflexion et action lorsqu'ils font face au monde social. La grandeur prend sens comme ordre de légitimité relatif à une sphère spécifique, celle de la cité inspirée, de la cité domestique, de la cité de l'opinion, de la cité civique, de la cité industrielle ou de la cité marchande.

Les problèmes posés par la relation entre les mondes ne peuvent être écartés en associant les différents mondes et les grandeurs qui leur sont liées, à des personnes, à des cultures ou à des milieux différents, à la façon dont la sociologie classique traite la relation entre les valeurs et les groupes. Attacher les personnes à des mondes reviendrait à les fixer dans une forme de grandeur, ce qui contredirait les principes de justice sur lesquels repose le modèle de la cité. Une des orientations principales de notre démarche consiste à l'inverse à considérer que les êtres humains, à la différence des objets, peuvent se réaliser dans différents mondes. Il s'agit d'étudier la possibilité d'arriver à des accords justifiables sous la contrainte d'une pluralité des principes d'accord disponibles, sans échapper à la difficulté en admettant un relativisme des valeurs et en attribuant ces principes à des personnes ou groupes de personnes les possédant en propre. En effet, cette dernière réponse laisse elle-même sans réponse la question de l'accord. Si les différentes personnes appartenaient à des mondes différents ou si aux différents mondes correspondaient des groupes différents, les gens seraient indifférents les uns aux autres (comme dans l'état de nature dans sa version rousseauiste) et alors ils ne formeraient pas une cité, ou bien ils ne parviendraient jamais à s'accorder sur le principe supérieur commun dont relève la situation, et chaque épreuve prendrait vite la tournure d'une dispute sans issue.

Il faut donc renoncer à associer les mondes à des groupes et ne les attacher qu'aux dispositifs d'objets qui qualifient les différentes situations dans lesquelles se déploient les activités des personnes lorsqu'elles mettent ces objets en valeur. Or, dans une société différenciée, chaque personne doit affronter quotidiennement des situations relevant de mondes distincts, savoir les reconnaître et se montrer capable de s'y ajuster. On peut qualifier ces sociétés de « complexes » au sens où leurs membres doivent posséder la compétence nécessaire pour identifier la nature de la situation et pour traverser des situations relevant de mondes différents. Les principes de justice n'étant pas immédiatement compatibles, leur présence dans un même espace entraîne des tensions qui doivent être résorbées pour que le cours d'action se poursuive normalement. L'artiste le plus inspiré ne peut se déterminer en toute situation selon l'inspiration du moment et il doit, pour ne pas être taxé de folie, se conduire, au bureau de poste, comme un usager ordinaire.

Prolongements

À lire

- Le théâtre de MARIVAUX traite de la problématique de la grandeur sociale à travers les échanges des rôles entre les maîtres et les valets. On peut mentionner *L'Île des esclaves* (1725, Folioplus classiques n°19) et *Le Jeu de l'amour et du hasard* (1730, Folio théâtre n° 9).
- L'œuvre de Franz KAFKA (1883-1924), et notamment *Le Procès* (1925, La bibliothèque Gallimard n°140) qui met en scène la bureaucratie moderne, enrichit la réflexion sur la justice des lois. Le héros, K., est accusé sans en connaître le motif. À la fin du roman, la confrontation de K. avec le « gardien de la loi » débouche sur une conception de la loi comme ce qui relève de la nécessité et non pas de la vérité.

Sur le pouvoir monarchique

- Norbert ELIAS, dans *La Société de cour* (Champs Flammarion, 1993), étudie les pratiques de cour et le fonctionnement de l'État à l'époque de Pascal.
- Dans *Le Portrait du roi* (Minuit, 1981), Louis MARIN étudie la pensée politique de Pascal comme une réflexion sur la représentation du pouvoir, à partir de l'idée selon laquelle la représentation est en elle-même un pouvoir. Il met en parallèle la formule de la transsubstantiation, « Ceci est mon corps », avec la formule

du pouvoir royal, « l'État, c'est moi », révélant la dimension performative de cette dernière. Il procède à ce rapprochement à partir des apports de la logique de Port-Royal, exposée dans l'ouvrage d'ARNAULD et NICOLE, *La Logique ou l'Art de penser* (Gallimard, Tel n° 211, 1992), sur la relation entre le discours et la réalité.

• On peut ajouter à cette réflexion sur le pouvoir royal celle d'Ernst KANTOROWICZ dans *Les Deux Corps du roi* (Gallimard, Bibliothèque des Histoires, 1989). Il étudie la continuité du pouvoir royal telle qu'elle s'exprime dans la formule « le roi ne meurt jamais ». La dignité royale, pensée comme « corps mystique » ou corps politique distinct du corps naturel, survit à la personne physique du roi.

Un grand nombre de tableaux représentent le pouvoir royal :

• On peut mentionner les œuvres de Philippe de CHAMPAIGNE et de Nicolas POUSSIN, deux peintres de cette époque sur lesquels Louis Marin a écrit. Certains tableaux sont reproduits dans l'ouvrage historique d'Emmanuel LE ROY LADURIE, *L'Ancien Régime, 1610-1770. Histoire de France* (Hachette, 1991).

• Pour une étude des transformations scientifiques et philosophiques issues de la découverte de l'infini, qui permet d'explorer le contexte intellectuel dans lequel Pascal écrit, on lira le livre d'Alexandre KOYRÉ, *Du monde clos à l'univers infini* (Gallimard, Tel n°129, 1973).

Du côté du cinéma

• Le film d'Éric ROHMER, *Ma nuit chez Maud* (noir et blanc, 1969). Éric Rohmer, né à Tulle en 1920, est cinéaste. *Ma nuit chez Maud* est le troisième de ses *Six contes moraux*. Le film se déroule quelques jours avant Noël et raconte l'histoire de Jean-Louis, jeune ingénieur, catholique pratiquant, récemment revenu de l'étranger pour travailler à Clermont-Ferrand. Alors qu'il a remarqué une femme blonde à l'église et décidé qu'elle serait sa femme, il croise un ami d'enfance, le communiste Vidal, qui l'invite à dîner le soir de Noël chez son amie Maud, belle femme brune et indépendante. La soirée se déroule en longues discussions sur le mariage, la morale et la religion, et sur Pascal. Le lendemain, Jean-Louis propose à la jeune femme vue à la messe de l'épouser ; elle se rebiffe, car elle vient de vivre une histoire avec un homme marié. Cinq ans plus tard, marié avec cette femme, il croise Maud à la plage. L'univers du film recèle un grand nombre de références pascaliennes. L'intrigue se déroule à Clermont-Ferrand, lieu de naissance de Pascal. Le personnage s'intéresse aux probabilités et les dialogues tournent autour du pari et de la destinée. Maud est en outre une figure de libertine, confrontée à un ingénieur catholique. Les ouvrages de Pascal y sont incidemment filmés dans les bibliothèques. La question du hasard des rencontres et de la probabilité est illustrée par plusieurs éléments de l'intrigue : les trois rencontres, celle de l'ami, de la femme et de Maud, ainsi que les fils qui nouent les destinées les unes aux autres. Jean-Louis découvre en effet que la femme qu'il a épousée (figure évanescente pour laquelle il résisté à la tentation charnelle de Maud) a été la maîtresse du mari de Maud, mort dans un accident de voiture. *Ma nuit chez Maud* est par lui-même un film beau et riche, mais c'est aussi une variation habile sur les thèmes pascaliens.

Éléments bibliographiques

• Sur la pensée de Pascal :

Cahiers de Royaumont, *Pascal. L'homme et l'œuvre*, Minuit, 1956.

Hélène BOUCHILLOUX, *Apologétique et raison dans les « Pensées » de Pascal*, Paris, Klincksieck, 1995.

Jean Brun, *La Philosophie de Pascal*, PUF, Que sais-je?, 1992.

Gérard Bras et Jean-Pierre Cléro, *Pascal. Figures de l'imagination*, PUF Philosophies, 1994.

Henri Gouhier, *Pascal. Commentaires*, Vrin, 1966.

Pierre Magnard, *Pascal. L'Art de la digression*, Ellipses, 1997.

Jean Mesnard, *Pascal*, Desclée de Brouwer, 1965.

Philippe Sellier, *Pascal et saint Augustin*, Albin Michel, 1995.

• Sur la politique de Pascal :

Gérard Ferreyrolles, *Pascal et la raison du politique*, PUF, 1984.

Christian Lazzeri, *Force et justice dans la politique de Pascal*, PUF, 1993.

Louis Marin, *Le Portrait du roi*, Minuit, 1981.

Lycée

Pierre PÉJU, *La Petite Chartreuse* (76)

Raymond QUENEAU, *Zazie dans le métro* (62)

François RABELAIS, *Gargantua* (21)

Jean RACINE, *Andromaque* (10)

Jean RACINE, *Britannicus* (23)

Rainer Maria RILKE, *Lettres à un jeune poète* (59)

Edmond ROSTAND, *Cyrano de Bergerac* (70)

SAINT-SIMON, *Mémoires* (64)

Nathalie SARRAUTE, *Enfance* (28)

William SHAKESPEARE, *Hamlet* (54)

Vincent VAN GOGH, *Lettres à Théo* (52)

VOLTAIRE, *Candide* (7)

VOLTAIRE, *L'Ingénu* (31)

VOLTAIRE, *Micromégas* (69)

Émile ZOLA, *Thérèse Raquin* (16)

Série Philosophie

René DESCARTES, *Méditations métaphysiques* - «1, 2 et 3» (77)

Michel FOUCAULT, *La Volonté de savoir* - «Droit de mort et pouvoir sur la vie» (79)

Nicolas MALEBRANCHE, *La Recherche de la vérité* - «De l'imagination, 2 et 3» (81)

Maurice MERLEAU-PONTY, *L'Œil et l'Esprit* (84)

PLATON, *La République* - «Livres 6 et 7» (78)

Jean-Jacques ROUSSEAU, *Discours sur l'origine et les fondements de l'inégalité parmi les hommes* (82)

Baruch SPINOZA, *Lettres sur le mal* - «Correspondance avec Blyenbergh» (80)

Composition Bussière
Impression Novoprint
a Barcelone, le 23 août 2006
Dépôt légal : août 2006

ISBN 2-07-033915-7./Imprimé en Espagne.